DEUTSCHE TEXTE

17

THEORIE UND TECHNIK DES ROMANS IM 17. UND 18. JAHRHUNDERT

BAND II

SPÄTAUFKLÄRUNG, KLASSIK
UND FRÜHROMANTIK

HERAUSGEGEBEN VON DIETER KIMPEL
UND CONRAD WIEDEMANN

MAX NIEMEYER VERLAG TÜBINGEN

1970

In den DEUTSCHEN TEXTEN werden poetische, kritische und theoretische Texte aus dem gesamten Bereich der deutschen Literatur bis zur Gegenwart sowie dazugehörige Materialien und Dokumente veröffentlicht. Die Wahl der Themen, die Zusammenstellung der Texte und die Anlage der Bände entsprechen der Zielsetzung der Reihe: die DEUTSCHEN TEXTE sind für den Unterricht in Literaturgeschichte und Literaturwissenschaft an den Universitäten und den höheren Schulen bestimmt.

Redaktion der Reihe: Lothar Rotsch

ISBN 3 484 19016 7
© Max Niemeyer Verlag Tübingen 1970
Alle Rechte vorbehalten · Printed in Germany
Satz und Druck Allgäuer Zeitungsverlag GmbH, Kempten
Einband von Heinr. Koch Tübingen

INHALTSVERZEICHNIS

V

1 GEORG CHRISTOPH LICHTENBERG: Über den deutschen
Roman (Nachlaß)

Unsere Lebensart ist nun so simpel geworden, und alle unsere
Gebräuche so wenig mystisch; unsere Städte sind meistens so
klein, das Land so offen, Alles ist sich so einfältig treu, daß ein
Mann, der einen deutschen Roman schreiben will, fast nicht
weiß, wie er Leute zusammenbringen, oder Knoten schürzen
soll. Denn da die Eltern jetzt in Deutschland durchaus ihre Kinder selbst säugen, so fallen die Kindervertauschungen weg, und
ein Quell von Erfindung ist verstopft, der nicht mit Geld zu bezahlen war. Wollte ich ein Mädchen in Mannskleidern herum-
gehen lassen, das käme gleich heraus, und die Bedienten verrie-
then es, noch ehe sie aus dem Hause wäre; außerdem werden
unsere Frauenzimmer so weibisch erzogen, daß sie gar nicht das
Herz haben, so etwas zu thun. Nein, fein bei der Mama zu sitzen, zu kochen und zu nähen, und selbst eine Koch- und Näh-
mama zu werden, das ist ihre Sache. Es ist freilich bequem für
sie, aber eine Schande fürs Vaterland, und ein unüberwindliches
Hinderniß für den Romanenschreiber.

In England glaubt man, daß, wenn zwei Personen von einer-
lei Geschlecht in demselben Zimmer schlafen, ein Kerkerfieber
unvermeidlich sei; deßwegen sind die Personen in einem Hause
des Nachts am meisten getrennt, und ein Schriftsteller darf nur
sorgen, wie er die Hausthüre offen kriegt, so kann er in das
Haus lassen, wen er will, und darf nicht sorgen, daß jemand eher
aufwacht, als er es haben will.

Ferner da in England die Schornsteine nicht bloß Rauchcanäle,
sondern hauptsächlich die Luftröhren der Schlafkammern sind,
so geben sie zugleich einen vortrefflichen Weg ab, unmittelbar
und ganz ungehört in jede beliebige Stube des Hauses zu kom-

men, und der ist so bequem, daß ich mir habe sagen lassen, daß, wer einmal einen Schornstein auf- und abgestiegen sei, ihn selbst einer Treppe vorzöge. In Deutschland käme ein Liebhaber schön an, wenn er einen Schornstein hinabklettern wollte. Ja, wenn er Lust hätte, auf einen Feuerheerd, oder in einen Waschkessel mit Lauge, oder in die Antichambre von zwei bis drei Öfen zu fallen, die man wohl gar von innen nicht einmal aufmachen kann. Und gesetzt, man wollte die Liebhaber so in die Küche springen lassen, so ist die Frage, wie bringt man ihn aufs Dach? Die Kater in Deutschland können diesen Weg wohl zu ihren Geliebten nehmen, aber die Menschen nicht. Hingegen in England formiren die Dächer eine Art von Straße, die zuweilen besser ist, als die auf der Erde; und wenn man auf einem ist, so kostet es nicht mehr Mühe auf das andere zu kommen, als über eine Dorfgosse im Winter zu springen. Man will zwar sagen, man habe diese Einrichtung wegen Feuersgefahr getroffen; da aber diese sich kaum alle 150 Jahre in einem Hause ereignet, so stelle ich mir vor, daß man es vielmehr zum Trost bedrängter Verliebten und Spitzbuben für nützlich befunden hat, die sehr oft diesen Weg nehmen, wenn sie gleich noch andere wählen könnten, und gewiß allemal, wenn die Retirade in der Eil geschehen muß, gerade so wie etwa die Hexen und der Teufel in Deutschland zu thun pflegen.

Endlich ein rechtes Hinderniß von Intriguen ist der sonst feine und lobenswürdige Einfall der Postdirectoren in Deutschland, durch den eine unzählige Menge von Tugenden des Jahrs erhalten werden, daß sie statt der englischen Postkutschen und Maschinen, in denen sich eine schwangere Prinzessin weder fürchten noch schämen dürfte zu reisen, die so beliebten offenen Rumpelwagen eingeführt haben. Denn was die bequemen Kutschen in England und die dortigen vortrefflichen Wege für Schaden thun, ist mit Worten nicht auszudrücken.

Fürs erste, wenn ein Mädchen mit ihrem Liebhaber aus London des Abends durchgeht, so kann sie in Frankreich sein, ehe der Vater aufwacht, oder in Schottland, ehe er mit seinen Verwandten zum Schluß kommt; daher ein Schriftsteller weder Feen, noch Zauberer, noch Talismane nöthig hat, um die Verliebten in Sicherheit zu bringen; denn wenn er sie nur bis nach Charingcroß oder Hydepark-Corner bringen kann, so sind sie so sicher, als wenn sie in des Weber Meleks Kasten waren[1]. Hingegen in Deutschland, wenn auch der Vater den Verlust seiner Tochter erst den dritten Tag gewahr würde, wenn er nur weiß, daß sie mit der Post gegangen ist, so kann er sie zu Pferde immer noch auf der dritten Station wieder kriegen.

Ein anderer übler Umstand sind die leider nur allzuguten Gesellschaften in den bequemen Postkutschen in England, die immer voll schöner, wohlgekleideter Frauenzimmer stecken, und wo, welches das Parlament nicht leiden sollte, die Passagiere so sitzen, daß sie einander ansehen müssen; wodurch nicht allein eine höchst gefährliche Verwirrung der Augen, sondern zuweilen eine höchst schändliche zum Lächeln von beiden Seiten reizende Verwirrung der Beine, und daraus endlich eine oft nicht mehr aufzulösende Verwirrung der Seelen und Gedanken entstanden ist; so daß mancher ehrliche junge Mensch, der von London nach Oxford reisen wollte, statt dessen zum Teufel gereist ist. So etwas ist nun, dem Himmel sei Dank, auf unsern Postwagen nicht möglich. Denn erstlich können artige Frauenzimmer sich unmöglich auf einen solchen Wagen setzen, wenn sie sich nicht in der Jugend etwas im Zaunbeklettern, Elsternesterstechen, Äpfelabnehmen und Nüsseprügeln umgesehen haben; denn der Schwung über die Seitenleiter erfordert eine besondere Gewandtheit, und wenige Frauenzimmer können ihn thun, ohne den untenstehenden Wagenmeister und die Stallknechte zum Lachen zu bringen. Für das zweite, so sitzt man, wenn man endlich sitzt, so, daß man sich nicht in das Gesicht sieht, und in dieser Stellung können, was man auch sonst dagegen sagen mag, wenigstens Intriguen nicht gut angefangen werden. Die Erzählung verliert ihre ganze Würze, und man kann höchstens nur verstehen, was man sagt, aber nicht was man sagen will. Endlich hat man auf den deutschen Postwagen ganz andere Sachen zu thun, als zu plaudern; man muß sich fest halten, wenn die Löcher kommen, oder in den schlimmen Fällen sich gehörig zum Sprung spannen; muß auf die Äste acht geben, und sich zur gehörigen Zeit ducken, damit der Hut oder Kopf sitzen bleibt; die Windseite merken, und immer die Kleidung an der Seite verstärken,

---

[1] Vom Weber Melek und seinem Kasten siehe die persischen Märchen, dritter Tag.

von wo der Angriff geschieht; und regnet es gar, so hat bekannt-
lich der Mensch die Eigenschaft mit andern Thieren gemein, die
nicht in oder auf dem Wasser leben, daß er stille wird, wenn er
naß wird; da stockt also die Unterredung ganz. Kommt man
endlich in ein Wirthshaus, so geht die Zeit mit andern Dingen
hin: der eine trocknet sich, der andere schüttelt sich, der eine kaut
seine Brustkuchen, und der andere bäht sich den Backen und was
dergleichen Kindereien mehr sind.

Hierbei kommt noch ein Umstand in Betrachtung, der auch
alle freundschaftliche Mischung der Gesellschaft unmöglich
macht. Nämlich weil die Postwagenreisen mit so vielen Trüb-
salen verbunden sind, so hat man dafür gesorgt, daß die Wirths-
häuser noch um so viel schlechter sind, als nöthig ist, um den
Postwagen wieder angenehm zu machen. Ja man kann sich nicht
vorstellen, was das für eine Wirkung thut. Ich habe Leute, die
zerstoßen und zerschlagen waren und nach Ruhe seufzten, als sie
das Wirthshaus sahen, wo sie sich erquicken sollten, sich mit
einem Heldenmuth entschließen sehen weiter zu reisen, der wirklich etwas Ähnliches mit jenem Muth des Regulus hatte, der ihn
nach Carthago zurückzugehen trieb, ob er gleich wußte, daß
man ihn dort in eine Art von deutschem Postwagen setzen, und
so den Berg herunter rollen lassen würde.

Also fallen die Postkutschen-Intriguen mit den Postkutschen
selbst, den rechten Treibhäusern für Episoden und Entdeckungen, schlechterdings weg. Aber im Hannöverischen, wird man
sagen, ist ja nun eine Postkutsche. Gut, ich weiß es, und zwar
eine, die immer so gut ist, als eine englische. Also soll man alle
Romane auf dem Wege zwischen Haarburg und Münden anfangen lassen, den man jetzt so geschwind zurücklegt, daß man
kaum Zeit hat recht bekannt zu werden? Alles was ja die Fremden thun, ist, daß sie in das Lob des Königs ausbrechen, der dieses so geordnet hat, oder schlafen. Denn sie sind gemeiniglich,
ehe sie in diese Kutsche kommen, so abgemattet, daß sie nun
glauben, sie wären zu Hause oder lägen im Bette. Das sind aber
in der That die rechten Gegenstände für einen Roman, fünf
schlafende Kaufleute schnarchend einzuführen, oder ein Kapitel
mit dem Lobe des Königs anzufüllen. Das Erstere ist schlechterdings gar kein Gegenstand für ein Buch, und das Letztere für
keinen Roman. Aber ich bin durch diesen unnützen Einwurf nur

von meiner Sache abgekommen. Ja wenn nicht noch zuweilen
ein Kloster wäre, wo man ein verliebtes Paar unterbringen
könnte, so wüßte ich mir keinen eigentlich deutschen Roman bis
auf die dritte Seite zu spielen; und wenn es einmal keine Klöster
mehr gibt, so ist das Stündchen der deutschen Romane gekommen. – –

2   JOHANN HEINRICH MERCK: Über den Mangel des epischen
Geistes in unserm lieben Vaterlande (1778)

Es war vor ohngefähr zehn Jahren eine allgemeine kritische
Klage, daß wir lieben Deutschen allen andern Völkern des Erd-
bodens darin nachständen, daß wir unter unsern Produkten der
Einbildungskraft so gar nichts hätten, das wir einen guten Roman nennen könnten. Große und kleine Meister beherzigten
diese Beschwerde, und man beschenkte uns bald mit einer ziem-
lichen Anzahl dergleichen Wesen, die man erfundene Geschichten, vulgo Romane betitelt. Selbst bei den besten ihrer Art, die
wir mit Ehre den Ausländern an die Seite setzen können, zeigte
sich indessen gar bald, daß der Boden, worauf sie gedeihen könnten, entweder ausländisch, oder antik, oder utopisch sein müßte.
Man stellte darüber Betrachtungen an, fand den Mangel des
Produkts bald in unserer Constitution, Organisation usw. Da
hatten wir keine Hauptstadt, wo sich die Sittenmasse sammeln,
und zum epischen oder dramatischen Extrakte reifen könne; da
war unser Charakter zu einschichtig, unsre Regierungsform zu
despotisch; tausend Dinge, die, halb wahr und ganz wahr nebeneinander entstehen und bestehen können, ohne daß eins die
Quelle des andern ist. Kurz, das Ding war nicht da; und weil
das Kunstwerk nicht gelang, so waren Pinsel, Palette und Can-
nevas Schuld daran – ohne daß man an den Künstler dachte.
Man verglich den Charakter in der Natur bei uns mit dem was
sie in der Nachbildung bei den Ausländern waren, und da fand
sich freilich, daß die Scene in Deutschland nicht wie bei Fielding
in der Küche vorgehen konnte, daß wir keine Parlamentsglieder,
wenig Priester mit zwanzig Pfund jährlicher Einkünfte, keine
Marquis, keine Abbés hatten, daß bei uns Conversation und
Umgangsfreiheit eines andern Schnitts war, daß unsre Köpfe

sich um andre Ideen und unsre Herzen um ein ganz andres Interesse drehten. Eben das, was uns hätte aufmuntern sollen, machte uns muthlos. Die Bemerkung, daß unser eigenthümlicher Charakter so unterschieden von dem andrer Völker wäre, zeigte uns eine neue Fundgrube an, wo wir Gemälde, Situationen, Theatercoups, Charaktere, und wie all der episch-dramatische Hausrath heißen mag, mit leichter Mühe aufgreifen konnten. An Aufforderung dazu hat es nicht gefehlt. Alle unsre Kritiker, sie mochten Aussichten über das ganze Feld der Literatur oder wöchentliche Zeitungen schreiben, ruften zu: deutsch, deutsch, deutsch müssen eure Produkte sein!

Allein wie gelang's? Man hatte dem Schriftsteller lange vorgebetet: nichts sei so elend und fade, als eine Anreihung wundersamer Begebenheiten und Aventuren, die, in einem flüchtigen Tone erzählt, ebenso ermüden, als wenn man gewaltsam durch eine Bibliothek oder Gallerie geführt wird, wo man viel sieht und nichts genießt. Man hatte ihnen auf der andern Seite vorgestellt, nichts sei mißlicher, als die Festsetzung eines gewissen Charakters, den man durch alle Situationen durcharbeite. Sie hatten gehört, es müsse viel Detail in der Darstellung ihrer Gemälde sein; überdieß sei es nöthig, daß der Autor in einer gewissen Stimmung sei, die dem Ganzen Farbe und Ton gäbe, wie man sichtbarlich an allen Meisterstücken wahrnehme usw. Sie nahmen diese Wahrnehmungen zu Herzen, hüteten sich, Charaktere auszuarbeiten, schufen sich ein Detail das sie nie gesehen hatten, und setzten sich in eine Stimmung, die weder Krankheit noch Gesundheit, sondern eine gemachte Indisposition war. Daraus entstanden denn alle die neuern episch-dramatischen Werke, wo unter zehn nicht eines an die Güte der Schwedischen Gräfin reicht, die sogar für keine Leser gemacht sind, denen man so deutlich die Ängstlichkeit ihrer Entstehungsart ansieht, daß die asiatische Banise selbst in einer konsistenteren Manier gearbeitet ist. – Niemand kann die Dinge lesen, als junge Leutchen, die sich mit der Tradition der neueren schönen Schriften schleppen. Dem Publiko der Weltleute, für die man eigentlich zu schreiben hätte, ist's, wie billig, das ekelhafteste Gericht, weil aus der ganzen Reminiscenz ihrer Erfahrungen nichts dem ähnlich sieht, was man ihnen hier auftischen will. Die verfeinerte Welt der höhern Stände, die man mit der deutschen Literatur aussöhnen wollte, sieht sich geäfft, und wird nicht sobald dahin zurückkommen, wo man sie so sublim ennuyirt hatte. Die meisten dieser Herren helfen sich mit dem Mantel der Anonymität, wenn ihre Palliassenstreiche übel aufgenommen werden. Es wäre daher zu wünschen, daß man ihnen diesen Mantel abnähme, und daß sie in kurzer Kleidung erscheinen müßten, wie wir andere ehrlichen Leute, wenn wir etwas thun wollen. Auf diese Art wären sie doch selbst dabei, wie die schlechten Acteurs, und müßten zusehen wie sie ausgepfiffen würden.

Man hat noch nie soviel vorgegeben, daß man die Alten studire, als jetzo, und doch hat ihr Beispiel, die Sobrietät ihrer Empfindungen, die Keuschheit ihres Ausdrucks, die ganze Kunst ihrer Composition so wenig Einfluß auf unsere Schriftsteller. Fühlen diese Herren wohl in ihrem Vater Homer den ganzen großen Umfang seines Mährchens, die beständige Gegenwart des Subjects, daß Alles vor ihren Augen entsteht, und die Handlung mit eben der Langsamkeit und Zeitfolge fortrückt, wie in der Natur; nichts vergessen wird was da sein sollte, nichts da ist was nicht dahin gehörte, niemand zu viel noch zu wenig sagt, alles von Anfang bis zu Ende ganz ist, niemand den Erzähler hört, nichts von seinem eignen Medio zum Vorschein kommt, sondern alles grade weder größer noch kleiner erscheint, wie es jedermann mit seinen eignen Augen gesehn zu haben glauben würde? Dieser große Charakter des Dichters, wo ist der, und wie erwirbt man sich den?

Die jungen Herren wollen, wie gewöhnlich, nicht anfangen von unten auf zu dienen. Daher ging's hier, wie in allen Verrichtungen des Lebens, sie waren nicht zu brauchen. Hätten sie ihre Meister gefragt, durch wie viel vorläufige Studien, vergebliche Versuche, durch wie viel Ausharren, und nach wie viel vernichteten Werklein endlich das entstanden ist, was man jetzt mit Recht in ihren Produktionen allgemein bewundert: so würden sie gesehn haben, daß eine Frucht, die der Reiz aller Gaumen ist, von vortrefflichem Keim sein, und doch nur langsam gedeihen könne.

Zum epischen Wesen gehören wackre Sinnen. So sehr man jetzo von der Liebe der Natur schwatzt, so sind doch wenig der Herren Poeten, die so ganz von Natur durch die Gegenwart eines lieben Baumes zur Serenade erweckt würden, wie Freund

Asmus. Bei den Meisten ist's garstige Tradition, und sie lieben die schöne Natur, weil sie ist beschrieben und besungen worden. Außerdem trennt sie die Sekte der Empfindsamkeit und des Geniewesens von allen ihren Brüdern. Was sollen sie an Menschen sehen können, deren ganzes Spiel von Leidenschaften ihnen zu alltäglich, allzuphilisterhaft vorkommt, als daß es aufgenommen zu werden verdiente? Ehedem glaubte man, um seine Kunst in Schilderungen zu zeigen, man müsse alles in der Farbe des Lächerlichen malen. Man wählte sich also seine Personage, behing sie mit allen Schellen der Karikatur, führte sie durch allerlei Situationen durch, erhöhte was da war, verbarg was man wollte, und so entstand das pikante Produkt, das man Satyren nennt, die aber niemand heutzutage mehr mag. Der Grund davon ist deutlich einzusehen, weil alles übertrieben und nichts zum Menschlichen oder zum Momentanen herab gemildert ist.

Jedermann schwatzt von der Gutmüthigkeit Shakspeares, als dem ersten und wesentlichsten Ingredienz seines großen dramatischen Charakters: und vielleicht ist diese Qualität doch noch nie recht erwogen worden, wie sie sein sollte. Gewiß derjenige, welcher ein Gemälde menschlicher Sitten liefern will, muß eine große Dosis davon haben, wenn er ihnen überall nachschleichen, sie in allen Masken und Verkleidungen doch immer als menschlich und nicht phantastisch aufgreifen will. Er muß den Glauben haben, überall etwas Merkwürdiges aufzufinden, ehe er darnach ausgeht: und so wird ihm bei jedem Schritte etwas aufstoßen, das er, in seiner Manier erzählt, darstellen kann. Überall ist Spiel menschlicher Leidenschaften, wie überall Spiel Schattens und Lichts; nur gehört der Hohlspiegel und die Camera obscura dazu, den Unachtsamen zu überführen, daß es wirklich da ist.

Aber was sieht die kränkelnde Intoleranz des gemeincultivirten Kopfs auf seiner Reise durch die Welt? Grade so wie der Mann von Stande, der sich überall inkommodirt fühlt, in seinem bequemen Wagen schläft, oder ankommen will, nichts findet wie zu Hause, und deßwegen nichts des Anblicks würdigt. Man vergleiche damit die Naivität des gemeinen Mannes, des wirklich sinnlichen Menschen. Seine Gabe zu sehen macht ihn zum beredtesten Erzähler. Seine Einbildungskraft ist roh, durch Vergleichungen ungebildet. Das Gegenwärtige ist ihm daher immer groß und anziehend, weil's von allen Seiten Eindruck auf ihn gemacht hat. Man höre ihm nur zu, wenn er die geringste Stadtbegebenheit, einen Todesfall, eine Familiengeschichte erzählt. Er eilt nicht schnell zum Schluß, wie der philosophische Erzähler, er drängt keine Begebenheiten, er malt aus. Jeder einzelne Eindruck ist ihm kostbar, er sucht ihn wiederzugeben. Daher das Umständliche, das den Gelehrten so lästig ist, und das doch eigentlich das Ding zu einer Begebenheit macht. Man höre nur auf die Conversation eines Jägers, eines Soldaten, eines Weibes, und man wird eine Gabe zu erzählen finden, die dem Scribenten nachzuahmen unmöglich fallen wird.

Die Brocken kleiner Begebenheiten, die, unter den seltsamsten Sprüngen der Laune, Yoricks Werken eingewebt sind, bleiben sie nicht für den Liebhaber die kostbarsten Reste seiner Erfindungskraft. Was ist an allen diesen Geschichten der Werth, wenn's nicht das Umständliche ist, das alle Geschöpfe seines Hirns beinahe zu lebendigen Personen macht? Wer giebt eine einzige solche Scene, wo sich die Arme und Füße Trim's oder der Madame Wadmann bewegen, gegen eine Schatzkammer der herrlichsten Sentiments? Man frage doch unsere jungen Herren, die uns so reichlich mit Dramen und Begebenheiten beschenken, wie weit sich ihre Reise durch das Leben erstrecke, wie viel sie davon durchgeschlendert, wie viel sie besucht und begafft haben! Ob's nicht Alles von Hörensagen, ob's nicht Alles gelesen ist! Sie sollen sich nur üben, einen Tag oder eine Woche ihres Lebens als eine Geschichte zu beschreiben, daraus ein Epos, d. i. eine lesenswürdige Begebenheit zu bilden, und zwar so unbefangen und gut, daß nichts von ihren Reflexionen durchflimmert, sondern das alles so dasteht, als wenn's so sein müßte. Alsdann, wenn sie darin bestehen, wollen wir ihnen erlauben, uns mit größern Werken zu beschenken; dann sollen sie Befugniß haben, ihre Prinzen und Prinzessinnen zu produciren, und sie mit allem auszustatten, was ihnen gut deucht. Bis dahin aber wollen wir uns ihre Erscheinung noch verbitten.

Außerdem wäre zu bedenken, daß unter dem nichtschreibenden Publikum zuweilen Personen auf den Bänken des Parterre sitzen, die selbst das gethan und gewirkt haben, was hier vor ihren Augen von den Marionetten des Verfassers tragirt wird, und daß diese Zuhörer noch weit mehr zu respectiren sind, als die gemeinen Feld- und Feuerschreier des gelehrten und schrei-

benden Theils. Sie haben bisher mehr zu thun gehabt, als dies
müßige Handwerk zu treiben, und von ihnen gilt das, was der
treuherzige Götz von Berlichingen von sich in seinem hohen
Alter prädicirte: daß er nun zu schreiben anfange, weil er zu
sonst nichts mehr tauge.

3   THEODOR GOTTLIEB VON HIPPEL: Lebensläufe nach aufsteigender Linie nebst Beylagen A, B, C (1778–1781)

Romanhafte Darstellung als sichtbare Rede

[...] Aug' und Ohr haben zwar viel Ähnlichkeit mit einander,
allein alle Welt spricht von schönen Augen; ein verzärtelter
Kenner aber nur vom schönen Ohr. Das Gesicht ist unstreitig der
edelste Sinn, ohn' ihn ist kein anderer Sinn vollständig. Auch
selbst, wenn ich im gemeinen Leben erzählen höre, seh' ich – ich
sehe den Erzähler steif an, recht, als schien ich es zu bedauern,
daß ich diese Geschichte nicht im Original gesehen; ich verlange,
der Erzähler soll sie nachhandeln; soll, was und wie es geschehen,
leibhaftig zeigen. Je mehr ein Erzähler zu sehen ist, je mehr freu'
ich mich, je mehr find' ich die Kopie getroffen. Oft hab' ich gedacht, daß es eine Geschichte geben könne (ob einen Roman,
weiß ich nicht), wo man nicht höre, sondern sehe, durch und
durch sehe, wo nicht Erzählung, sondern Handlung wäre, wo
man alles, oder wenigstens mehr sehe, als höre. – Man sieht freilich den Erzähler im gemeinen Leben, allein die Wahrheit zu
sagen, man hört ihn mehr, und es würd' Affektation seyn, wenn
er mehr zu sehen, als zu hören wäre. Ein Erzähler, wenn er im
Druck erscheint, wie wenig ist er zu sehen! wie weit weniger, als
im gemeinen Leben! – – – – Dergleichen Geschichte, wo, wie
meine Mutter sagen würde, gewandelt und gehandelt wird, will
man sie eine redende, eine Geschichte mit eignen Worten nennen,
meinethalben! Daß eine Geschichte durchweg in Gesprächen, eine
in Frag' und Antworten, ein ganz ander Ding sey, versteht sich.
Wären in einer redenden Geschichte auch nur ausgerissene Le-
bensblätter, wie leicht würden sie zusammenzusetzen seyn. –
Man würde dem Leser noch obenein eben hiedurch unvermerkt
Gelegenheit zu mehrerer Anstrengung geben, und ihn zum Mit-

arbeiter an seinem Werke machen. – – Daß ich es bei dieser Geschichte zu diesem Ziel nicht angelegt, bescheid' ich mich von selbst, und ich bin schon zufrieden, wenn mein Lebenslauf hier und da Darstellung enthält, und wenn sich in dem Schlusse des ersten Bandes die Personen selbst zu erkennen und zu verstehen gegeben. Rede und du bist, könnte das Motto zu diesen Gesprächen seyn; es liegt eine besondere Natur in der Rede. [...]

Die Wahrheit der Charaktere

[...] Wer mir aber den Einwand entgegensetzt, daß ich meine Charaktere nicht frisirt und gepudert und völlig vom Haupte bis zum Fuße geschmückt und fein angethan präsentire, hat es in den Tod vergessen, daß ich eine Geschichte erzähle. Schon im Roman muß man seine Leute kennen, der Natur nachfolgen und den Menschen sich öffentlich ankleiden lassen. Man muß den Menschen im Seelencamisölchen, in der Federmütze, wenn er ein Gelehrter, und mit einem seidenen Tuch, künstlich russisch um den Kopf gebunden, wenn er ein Edelmann ist, darstellen – in naturalibus. Jeder Mensch hat seine Art, sich anzukleiden und zu erzählen, und diese beide Arten stimmen mit einander so überein, daß, wenn ich jemanden sich ankleiden sehe, ich sagen will, wie er erzählt, und umgekehrt, wenn ich ihn erzählen höre, will ich sagen, wie er sich ankleidet. Die Art, sich auszukleiden, kann den Kenner Vielerlei lehren, und unter andern auch, wie der sich Entkleidende sterben werde. Hievon ein andermal. – –

Eine Erzählung, der man das Studirte, das Geflissene, das Geordnete ansieht, ist unausstehlich. – So wie es in der Welt geht, so muß es auch in der Geschichte gehen. – Bald so, bald so. – Der Hörer, der Leser, mag sich hieraus ein Miniaturstückchen auf theophrastisch, brüyerisch zeichnen, wenn er will. –

Beläge zu dieser Bemerkung die Menge in meinem Lebenslauf, und um meine Leser auf der Stelle zu überzeugen [...]

„Alles in der Welt ist Roman"

[...] Roman?

Und wenn es denn einer wäre! Freilich bekam es dem guten Bischof Heliodorus nicht sonderlich, daß er in seiner Jugend einen Roman geschrieben, der noch, unter dem Namen Aethiopica, wenn nicht blühet, so doch vorhanden ist. – Seine Herren Amtsbrüder sahen, daß sich junge Leute diesen Roman kauften, und verlangten, daß der Bischof entweder diesen Roman öffentlich wie einen Sodomiten verbrennen, oder seine Mütze abnehmen sollte. Der Schriftsteller ließ die Mütze fahren. – Gott sey gelobt! Ein Bischofthum hab' ich nicht zu verlieren, und wer es genau nimmt, wird finden, daß Alles in der Welt Roman sey. Hat je ein großer Herr das gemeine Leben, so wie es da gemein ist, gesehen? Wer kennt die Stadt, den Berg, das Thal aus der Beschreibung, wenn er an Stell' und Ort kommt? Curtius hat es nur ein klein wenig zu grob gemacht; welch ein Geschichtschreiber indessen hat ihn nicht in der Schule übersetzt! Man behauptete zu seiner Zeit: Philipp III., König von Spanien, sey Autor des Don Quixote, und Cervantes habe nur Hebammendienste verrichtet und den Druck besorgt. – Wäre mein Buch also ein Roman, warum sollt' ich es zurückhalten? Was Philipp III., Könige von Spanien, anstand, kann sich ja wohl ein Major mit einem abgeänderten Buchstaben im Namen gefallen lassen!

Seht ihr aber, ihr Romanhelden! seht ihr nicht in meinem Buche das gemeine Leben? Ist der Geist wahr, wie er denn wahr und wahrhaftig ist, was kümmert euch der Leib? Ein König von England sagte über einen Betrunkenen, der sich Freiheiten gegen ihn herausnahm, die den Übrigen, die zu Tische saßen, nicht wohlgefielen: Laßt ihn! ein Betrunkener ist mein College! Wer geizig ist, um zur rechten Zeit drauf gehen zu lassen, kann der geizig heißen? und wer seine Zinsen verzehrt, ohne den Hauptstuhl anzugreifen, ist das ein Verschwender? Wo Holz gehauen wird, fallen Spähne! Sparpfennige sind wie gute Feueranstalten, um gleich zu löschen, wenn es brennt! –

Ich fühl' es, Freunde! Ich hab' einen guten Kampf gekämpfet, ich habe den Lauf vollendet, forthin ist mir beigelegt die Krone der Gerechtigkeit, nicht allein aber mir, sondern Allen, welche die Erscheinung, welche den Advent des Reichs Gottes lieb haben! – – Komm', du schöne Freudenkrone! –

Der zeitlichen Ehr' will ich gern entbehren! – Du woll'st mir nur die ewige gewähren, und wenn ich mir noch etwas zur Gefälligkeit erbitten darf, zeichnet mein Buch nicht durch Falten; könnt ihr nicht ohne Merkmal finden, wo ihr geblieben,

nehmt Denkzettel! Solltet ihr euch aber auch nicht ohne die behelfen können? Ich habe keinen Sand auf das Manuscript ge-
streut, es ist durchweg durch die Sonne getrocknet! Und solltet
ihr nicht ohne Zeichen lesen können? [...]

4 FRIEDRICH HEINRICH JACOBI: Vorbericht zu „Eduard Allwills Papiere" (Erstfassung im Teutschen Merkur, 1776)

Das Exempel der individuellen Existenz

[...] Ich habe alles angewendet, meinen Freund zu bereden,
mit den ersten Briefen seiner Sammlung gegenwärtig den Anfang zu machen; aber er weigerte mir dieses gerade zu, ohne
meine Gründe widerlegen, noch die seinigen angeben zu wollen.
 Sein Vorhaben ist gewesen, aus diesen Materialien einen Roman zu bilden; da dieses aber, leider! nicht in Erfüllung gegangen: so folgt, daß Allwills Papiere, in ihrem gegenwärtigen Zu-
stande, kein Roman sind. Ich zweifle sogar, ob sie nur tauglichen
Stoff dazu an die Hand gäben. Die vorkommende Begebenheiten sind nicht merkwürdiger, als man sie alle Tage überall sehen
wird, wo nur eben solche Leute in ähnlicher Verbindung angetroffen werden, um sie hervorzubringen. In der That sind hier
die Menschen fast das einzige Interessante: wer sich mit diesen
nicht befreunden; wer überhaupt durch das Leben, so wie es sich
gewöhnlich in unsrer Werktags-Welt ergiebt, ohne herzliche
Theilnehmung an allem durchschleichen kann, der muß viele
Briefe dieser Sammlung äußerst schaal und langweilig finden.
Und da ich nun so eben belehret worden[1], daß selbst ein eigentlicher Roman nur zu den Auswüchsen der Litteratur gerechnet
zu werden pflege; so muß mir mein eigen Gewissen sagen, daß
dergleichen wie Allwills Papiere wohl gar nur Unkraut sey, welches kein anderer als ein Feind unter den reinen Weizen unserer
Litteratur zu säen die Pflichtvergessenheit haben mag.
 Mit den philosophischen und moralischen Fähigkeiten dieser
Briefe, sieht es insoferne mißlich aus, daß ihre Verfasser anstatt
des ganzen Menschengeschlechts immer nur eine einzelne Person

[1] In der Allg. d. Bibl. Th. 26, S. 343.

13

im Auge – und mehrentheils andre zu dringende Geschäfte vor
der Hand haben, um nicht die Angelegenheiten des großen Alls,
und wohl gar ihre eigene gegenseitige Belehrung darüber zu ver-
säumen. O daß es Helden wären! die (wie ich aus vielen Büchern
verstanden habe) ihre Thaten blos andern zum Exempel ver-
richteten – uns zur Lehre nur das gewesen sind, was sie waren. [...]

Der Besitzer von Allwills Papieren glaubte, es sey gar nicht
thunlich, sie in ihrer eigenen Gestalt dem Publico vorzulegen;
die kleinen Details müßten ausgemerzt, der Gesichtskreis erwei-
tert, und das Ganze zur allgemeinen Brauchbarkeit umgearbeitet
werden. Dawider führte ich ihm folgende Worte aus Lavater
an: „Wer alles sehen will, sieht nichts; wer alles thun will, thut
nichts; wer mit allen redet, redet mit keinem. Sieh Eins und du
siehst alles; thu eins und du thust alles; rede mit einem allein,
und du redest mit unzähligen.“ Ich glaube in Schaftesbury etwas
ähnliches gelesen zu haben; und daneben ist die Sache an und für
sich – wahr.

5 FRIEDRICH HEINRICH JACOBI: Brief vom 16. Juni 1783 an
    J. G. Hamann

*Gewissenhafter Entwurf begreiflicher oder unbegreiflicher
Menschen*

Lieber verehrungswürdiger Mann!

Ich will Ihnen alle die Ursachen nicht hererzählen, die mich so
lange verhindert haben an Sie zu schreiben. Eine davon war, daß
ich manches auf dem Herzen hatte, das ich gern vor Sie bringen
wollte, und das nicht leicht vorzutragen war. Mir ist als würde
ich es heute einiger Maßen können, und ich fange damit an,
Theuerster! daß ich Sie recht innig umarme, mit dem brüder-
lichen Gefühl, daß in unser beyder Herzen kein falsch ist; daß
wir beyde Eine Wahrheit suchen, Eine Wahrheit lieben, wenn
schon nicht mit gleichem Glück.

Ich folge dem Faden, den Ihr Brief mir in die Hand gibt.

Durch unsern Gevatter Claudius wußte ich schon, daß Sie Allwills Briefsammlung mit Antheil im deutschen Merkur gelesen

hatten. Claudius hatte mich Ihnen nachher als Verfasser auch genannt, und mir das Geschenk eines Theils Ihrer Schriften zuwege gebracht, wofür ich Ihnen – nicht den Dank, sondern die unmittelbare Dank-Sagung noch schuldig bin.

Sie haben bey dem Kunstgarten den ersten Theil des Woldemar zu Rath gezogen um sich den Charakter des Helden zu ergänzen. „Es ist mir aber, schreiben Sie, eben so schwer geworden, ihn in seine Bestandtheile aufzulösen, als Ihnen vermuthlich, sein Ganzes zusammen zu setzen u. s. f."

Ich antworte hierauf: meine Absicht bey Woldemar wie bey Allwill ist allein diese: Menschheit wie sie ist, begreiflich oder unbegreiflich, auf das gewissenhafteste vor Augen zu legen. Mir däucht, unsere Philosophie ist auf einem schlimmen Abwege, da sie über dem Erklären der Dinge, die Dinge selbst zurück läßt, wodurch die Wissenschaft allerdings sehr deutlich und die Köpfe sehr hell, aber auch in demselben Maße jene leer, und diese seicht werden. Nach meinem Urtheil ist das größeste Verdienst des Forschers, Daseyn zu enthüllen. Erklärung ist ihm Mittel, Weg zum Ziele, nächster, niemals letzter Zweck. Sein letzter Zweck ist, was sich nicht erklären läßt, das Einfache, das Unauflösliche. – Hievon ein und anderes näher an das Auge zu bringen, überhaupt Sinn zu regen und durch Darstellung zu überzeugen, war meine Absicht. Ich wollte, was im Menschen der Geist vom Fleische unabhängiges hat, so gut ich könnte, ans Licht bringen, und damit der Kothphilosophie unserer Tage, die mir ein Gräuel ist, wenigstens meine Irreverenz bezeigen. Einige haben sich an der Ehrlichkeit, womit ich hiebey das suum cuique befolgt, gestoßen, welches mich fast bedenklich gemacht hat über meine Methode, ob sie auch zum Ziele führe, oder doch mißtrauisch gegen meine Geschicklichkeit und Kräfte sie zu handhaben und Anderen gerecht zu machen.

Wenn ich sage, daß bey den gedachten Schriften dies meine Absicht gewesen, so heißt das nicht, daß ich sie aus dieser Absicht allein geschrieben habe, sondern es gilt nur in so fern sie mit Absicht geschrieben wurden und nicht vielmehr nur Ergiessungen sind aus überfüllter Seele. So wurde die Allwillsche Briefsammlung fast unwillkührlich begonnen, um Gedanken und Gefühlen zu ihrem Seyn ein Bleiben zu verschaffen. Aber gleiche Wahrhaftigkeit ist überall.

Woldemars Philosophie ist eine Thür, und ist auch eine Mauer: wie man's nehmen will. Die Folge seiner Geschichte wird darüber mehr ans Licht bringen. Jetzt schon, wie bangend steht er nicht mit dem Besten was er noch gefunden hatte da? So wollte ich ihn verfolgen tiefer ins Leben hinein, und in der edelsten Philosophie, die mir bekannt ist, das große Loch, das ich selbst darin gefunden habe, zeigen.

Nämlich: wir insgesammt, an Geist reicher oder ärmer, höher oder geringer, mögen es angreifen wie wir wollen, wir bleiben abhängige, dürftige Wesen, die sich durchaus nichts selbst geben können. Unsere Sinne, unser Verstand, unser Wille sind öde und leer, und der Grund aller speculativen Philosophie nur ein großes Loch, in das wir vergeblich hinein sehen. In alle Wege läßt uns der Versuch, mittelst einer gewissen Form unseres armen Selbstes bestehen zu wollen, nicht in uns hinein, sondern nur rein aus uns heraus zu erkennen, zu handeln und zu genießen, zu Narren werden, wie jede Nacht im Traume.

Ich kann Ihnen nicht beschreiben wie mir geschah, da ich jenes Loch zuerst gewahr wurde, und nun weiter nichts als einen ungeheuern finstern Abgrund vor mir sah... Ich weiß nicht ob sie mich verstehen. Wenn Sie mich verstehen, so ertheilen Sie angemessenen Rath dem Rechtschaffenen, der an diese öde Stelle hingeängstigt wurde, und sich umsieht nach Rettung, allein noch aufrecht gehalten und gestärkt durch fromme Ahnung.

Licht ist in meinem Herzen, aber so wie ich es in den Verstand bringen will, erlischt es. Welche von beyden Klarheiten ist die wahre? die des Verstandes, die zwar feste Gestalten, aber hinter ihnen nur einen bodenlosen Abgrund zeigt? oder die des Herzens, welche zwar verheißend aufwärts leuchtet, aber bestimmtes Erkennen vermissen läßt? – Kann der menschliche Geist Wahrheit ergreifen, wenn nicht in ihm jene beyden Klarheiten zu Einem Lichte sich vereinigen? Und ist diese Vereinigung anders als durch ein Wunder denkbar?

Funktion und Absicht der Fiktion

Wie es Allwilln gelingen konnte, der ganzen Sammlung dieser Briefe habhaft zu werden, und sie zu seinem Eigenthum zu machen, darüber giebt das Vorliegende noch kein Licht, und der Herausgeber selbst ist davon so wenig unterrichtet, muß sich mit so unsichern Muthmaßungen behelfen, daß er einem ehrwürdigen, seine Neugierde nur auf ausgemachte Wahrheiten einschränkende Publikum unbescheiden damit zu nahe zu treten, einen rechtmäßigen Abscheu empfindet.

Lieber will er es geschehen lassen, daß man diese Briefe als erdichtet, und das Ganze als sein eigenes Hirngespinst ansehe. Ja er wünscht sogar, man möge diese Hypothese sich gefallen lassen, wenn man nur im Glauben dergestalt Maß hält, daß man sie nicht als eine historische oder sonst erwiesene Wahrheit, sondern allein wegen der obwaltenden Verlegenheit freywillig annimmt, und nothdürftig gelten läßt.

Die hiemit dem Leser zugemuthete zwiefache Gefälligkeit: zuerst, einer unwahrscheinlichen Hypothese beizupflichten; hernach, das ihr Gemäße zwar zu glauben, aber doch im eigentlichen Verstande denn auch wieder nicht zu glauben: diese zwiefache Gefälligkeit wäre in der That zu groß, als daß sie auch von dem geneigtesten Leser erwartet werden dürfte, wenn er nicht seinen eigenen Vortheil dabei fände.

Weil aber ungeneigte und geneigte Leser, wie ich zeigen werde, und zwar jene zuerst, ihren offenbaren Vortheil dabey finden: so bin ich ihrer Willfahrung desto gewisser, da bey der ihnen zugemutheten zwiefachen Mühe, auch eine zwiefache Erleichterung Statt finden soll.

Denn was die Hypothese Unwahrscheinliches hat, wird durch das: im eigentlichen Verstande nicht glauben dürfen – vergütet; und: das im eigentlichen Verstande nicht glauben – gibt sich durch das Unwahrscheinliche der Hypothese beinahe von selbst.

Also habe ich dem Leser nur noch seinen eigenen Vortheil vor Augen zu stellen, welches ich mit wenigen Worten zu Stande zu bringen hoffe.

Ich setze zum Voraus, daß ich Leser habe.

Diese Leser sind meine Zeitgenossen; folglich geschworne Feinde aller Dunkelheit. Nun finden sich diese in Absicht des vorliegenden Buches von Dunkelheiten ganz umgeben. Sie fragen: Wer ist Eduard Allwill? Lebt er, oder ist er todt? Wo hat er gelebt? Wenn er noch im Leben ist, wo hält er sich auf? Wie bekam er nur seine eigenen Briefe wieder in die Hände? Wie brachte er die übrigen in seine Gewalt? Was will er mit ihrer Bekanntmachung? Woher seine Verbindung mit dem Herausgeber? – Und dergleichen Fragen noch eine Menge, die ich alle müßte unbeantwortet lassen, theils durch eigene Unwissenheit gebunden, theils durch mein gegebenes Wort.

Der Leser also, unvermögend sowohl in Absicht der Herleitung als Hinleitung seines Buches sich zurecht zu finden, würde nicht allein mit dem Sammler und Herausgeber, sondern auch mit sich selbst unzufrieden werden, weil er mit dem Gegenstande der Fragen nun einmal verwickelt wäre, und die Sache eben so wenig von der Hand schlagen, als nach seinem Wunsch ins Reine bringen könnte.

Mitten in dieser Verlegenheit komme ich ihm nun mit meiner Hypothese zu Hülfe; und gelingt es mir, sie nur einiger Maßen wahrscheinlich zu machen: so erhascht er diese Wahrscheinlichkeit gewiß mit Freuden, da ihm mit und in ihr, Herleitung und Hinleitung zugleich gegeben wird, und er zu sich sagen kann, daß er begreift.

Ich schlage demnach sofort dem Leser vor, sich unter dem Herausgeber einen Mann vorzustellen, dem es von seiner zartesten Jugend an, und schon in seiner Kindheit ein Anliegen war, daß seine Seele nicht in seinem Blute, oder ein bloßer Athem seyn möchte, der dahin fährt.

Dieses Anliegen hatte bey ihm so wenig den bloßen gemeinen Lebenstrieb zum Grunde, daß ihm vielmehr der Gedanke, sein gegenwärtiges Leben ewig fortzusetzen, gräßlich war. Er liebte zu leben wegen einer andern Liebe, und – noch einmal! – ohne diese Liebe schien es ihm unerträglich zu leben, auch nur Einen Tag.

Also schon als Knabe war der Mann ein Schwärmer, ein Phantast, ein Mystiker – oder welches ist der rechte Name unter so vielen, die ich, mit ihren sorgfältigen Definitionen, in so mancherlei neuern Schriften gefunden und nicht behalten habe?

Diese Liebe zu rechtfertigen; darauf ging alles sein Dichten und Trachten: und so war es auch allein der Wunsch, mehr Licht über ihren Gegenstand zu erhalten, was ihn zu Wissenschaft und Kunst mit einem Eifer trieb, der von keinem Hinderniß ermattete.

Ein verzehrendes Feuer trug der Jüngling im Busen. Aber keine seiner Leidenschaften konnte je über den Affect, der die Seele seines Lebens war, die Oberhand gewinnen. Jene, wenn sie Wurzel fassen sollten, mußten aus diesem ihren Saft holen und sich nach ihm bilden.

So geschah es, daß er philosophische Absicht, Nachdenken, Beobachtung in Situationen und Augenblicke brachte, wo sie äußerst selten angetroffen werden.

Was er erforscht hatte, suchte er sich selbst so einzuprägen, daß es ihm bliebe. Alle seine wichtigsten Überzeugungen beruhten auf unmittelbarer Anschauung; seine Beweise und Widerlegungen, auf zum Theil (wie ihn däuchte) nicht genug bemerkten, zum Theil noch nicht genug verglichenen Thatsachen. Er mußte also, wenn er seine Überzeugungen Andern mittheilen wollte, darstellend zu Werke gehen.

So entstand in seiner Seele der Entwurf zu einem Werke, welches mit Dichtung gleichsam nur umgeben, Menschheit wie sie ist, erklärlich oder unerklärlich, auf das gewissenhafteste vor Augen stellen sollte.

Erbaulicher als die Schöpfung; moralischer als Geschichte und Erfahrung; philosophischer als der Instinkt sinnlich vernünftiger Natur, sollte das Werk nicht seyn.[1]

---

[1] Ich nenne Instinct diejenige Energie, welche die Art und Weise der Selbstthätigkeit, womit jede Gattung lebendiger Naturen, als die Handlung ihres eigenthümlichen Daseyns selbst anfangend und alleinthätig fortsetzend gedacht werden muß, ursprünglich (ohne Hinsicht auf noch nicht erfahrne Lust und Unlust) bestimmt.

Der Instinct sinnlich vernünftiger (d. i. Sprache erzeugender) Naturen hat, in so fern diese Naturen bloß in ihrer vernünftigen Eigenschaft betrachtet werden, die Erhaltung und Erhöhung des persönlichen Daseyns (des Selbstbewußtseyns; der Einheit des

Denn daß so viel ausgelassen wurde von den Philosophen, damit sie nur erklären könnten; so viel verschwiegen von den Moralisten, damit ihr allerhöchster Einfluß nicht geläugnet würde: dieß eben hatte den Mann verdrossen, der nach einem Lichte, worin nur das zu sehen wäre, was nicht ist, sich sehnte, und zu einer allerhöchsten Willenskraft des Menschen, außer dem menschlichen Herzen, kein Vertrauen hatte; vielleicht aus Mangel ihrer Gabe in seinem eigenen – Kopfe.

Er sammelte zu seinem Werke mit einer Liebe, die ihn von der Ausführung desselben entfernte. Nun ist er zu alt geworden, um an eine Vollendung nach dem ersten Plane zu denken; aber gewiß liefert er noch einen zweiten Band; und höchst wahrscheinlich einen dritten.

So viel zur innern Wahrscheinlichkeit meiner Hypothese, der Hauptsache, zu Folge ihrer pragmatischen Absicht.

Die äußere Wahrscheinlichkeit will ich von Außen, durch Instanzen, zu bewirken suchen, wie folgt.

Wäre der angebliche Herausgeber nicht der wirkliche Verfasser dieses Buches, wie hätten die schon ehemals erschienenen

reflectirten Bewußtseyns mittels continuirlicher durchgängiger Verknüpfung: – Zusammenhang –) zum Gegenstande; und ist folglich auf Alles, was dieses befördert, unaussetzlich gerichtet.

In der höchsten Abstraktion, wenn man die vernünftige Eigenschaft rein absondert, sie nicht mehr als Eigenschaft, sondern ganz für sich allein betrachtet, geht der Instinct einer solchen bloßen Vernunft allein auf Personalität, mit Ausschließung der Person und des Daseyns, weil Person und Daseyn Individualität verlangen, welche hier nothwendig wegfällt.

Die reine Wirksamkeit dieses letzten Instincts, könnte reiner Wille heißen. Spinoza gab ihr den Namen: Affect der Vernunft. Man könnte sie auch das Herz der bloßen Vernunft nennen. Ich glaube, daß, wenn man dieser Indication philosophisch nachgeht, mehrere schwer zu erklärende Erscheinungen, auch die eines unstreitig vorhandenen kategorischen Imperativs der Sittlichkeit, seines Vermögens und Unvermögens, sich vollkommen begreiflich werden finden lassen. Man muß aber zugleich auf die Function der Sprache bey unseren Urtheilen und Schlüssen wohl Acht haben, damit man durch Instanzen, welche auf nur etwas schwer zu enträthselnden Wortspielen beruhen, nicht irre oder muthlos gemacht werde.

Briefe dieser Sammlung die veränderte Gestalt, in welcher man sie hier erblickt, erhalten, und sich, den neuen zu Gefallen, dergestalt verändern können? Hier stößt man auf einen Zusatz; dort auf eine Lücke; und überall blickt eine geschäftige Hand hervor, die nicht Scheu trägt, mit diesen Briefen, wie mit einem Eigenthume zu schalten.

Hiegegen kann eingewendet werden: da man die eilf Briefe, die hier zum ersten Mal erscheinen, ehemals nicht hätte bekannt machen wollen; so wäre man gezwungen gewesen, jene zehn Briefe, die man herauszugeben sich bewegen ließ, damals so weit zu verändern, als nöthig war, damit sie nicht auf die dazwischen weggenommenen gerade zu hinwiesen, und ihre Abwesenheit unmöglich machten. Diese verdrießliche Arbeit wäre geschehen, wie verdrießliche Arbeiten zu geschehen pflegen, und darüber die Abschrift durchaus fehlerhaft geworden. Demnach würde es der Wahrheit ganz zuwider seyn, und eine seichte Kritik verrathen, wenn man als gemachte Veränderungen ansehen wollte, was im Gegentheil nur weggeschaffte Veränderungen wären.

Ich bin zu blöde, um dieser Einwendung das Übergewicht von Wahrscheinlichkeit, wodurch sie meine Instanz entkräftet, geradezu abzusprechen. Lieber will ich das Gewicht meiner Instanz durch eine Zugabe, welche mir die Zugabe zu diesem ersten Bande von Allwills Briefsammlung, das Schreiben an Erhard O**, an die Hand gibt, zu vermehren suchen.

Ich frage also jedweden, ob er die Familienähnlichkeit zwischen dem Schreiben an Erhard O** und den Briefen der Allwillischen Sammlung sich zu läugnen unterfangen werde?

Jenes Schreiben ist durchaus philosophischen Inhalts, hat aber gar nicht die philosophische Einrichtung, welche den Angriff von Außen eben so bequem macht, als die Vertheidigung nach Außen, und daher bey Feinden und Freunden gleich beliebt und wohl gelitten ist.

Warum fehlt ihm diese bessere Einrichtung? Ich sage, sie fehlt ihm deßwegen, weil es ein Stück der Allwillischen Sammlung ist, das nur Reißaus genommen hatte. Es konnte aber für sich allein nicht bestehen; kam zurück, und wurde als eine Zugabe angenommen.

Und hiemit glaube ich nun, was ich unternommen, vollbracht, und den Leser über seine Fragen, wenn auch nicht ganz beruhigt,

doch vollkommen und selbst über die Maßen – zerstreut zu
haben.

Ich überlasse ihn seiner Zerstreuung, und schließe meine Vorrede mit einem nicht genug bekannten, wenigstens nicht genug
erwogenen alten Reim, der einen reichen Schatz des Trostes,
nicht allein für jeden Autor, sondern auch für jeden Leser enthält, wenn dieser nur ein Wort verändern, und für Leser Autor
setzen will:

Leser, wie gefall' ich Dir?
Leser, wie gefällst Du mir?

7 JOHANN HEINRICH JUNG-STILLING: Antwort auf einen
    Leserbrief (1779)

„Die göttliche Fürsicht im romantischen Kleide"

[...] Erlauben Sie, theurer Mann, so ist die Sache nicht, ich will
ihnen vor Gott die reine Wahrheit erzählen: Als ich zu Strasburg
studierte, hatte sich daselbst eine Anzahl edler Jünglinge zu einer
Gesellschaft der schönen Wissenschaften zusammen gebildet, ich
gerieth in dies angenehme Band, und arbeitete fleißig mit ihnen.
Der grose Dr. G. studierte auch daselbst, und ob er sich gleich
nicht mit einlies: so erschien er doch zuweilen bei uns, und mun-
terte mich sehr auf, den lieben Jünglingen zu helfen. Nachdem
ich nun von da weg war, und mich in Elberfeld niedergelassen
hatte: so fühlte ich Drang in meinem Herzen, den jungen Herren ferner zu dienen; meine Geschäfte liesen aber keine müh-
same Arbeiten zu. Da ich nun wuste, wie sehr meine Freunde in
Strasburg den leichten, wizelnden französischen Geschmack lieb-
ten, auch wie sehr ihr Glaubensgrund in der Religion schwankte,
so glaubte ich: wenn ich ihnen meine Lebensgeschichte in einem
romantischen blumichten Kleide vorlegte: so würden die deut-
lichen Fustapfen der göttlichen Fürsicht ihnen auf eine angenehme Art gezeigt; sie würden mit Freuden, und auch mit Nut-
zen lesen. Ich machte also den Titel: Heinrich Stillings Lebensgeschichte in Vorlesungen, und schickte dann und wann ein Stück
hinauf. So entstand Stillings Jugend. Nun zerschlug sich die
Strasburger Gesellschaft, und ich dachte an Stillings Lebensge-

schichte gar nicht mehr. Ein paar Jahre nachher besuchte mich
der berühmte G. in Elberfeld. Bei der Gelegenheit fragte er
mich: ob ich denn gar nichts schönes seit der Zeit gemacht hätte,
und da wies ich ihm Stillings Lebensgeschichte. Er fragte mich,
ob er sie mitnehmen dörfte? ich sagte ja. Nun dachte wahrlich
mein Herz nicht daran, daß dieses Stück gedruckt würde, und
doch geschah es, denn G*** schrieb mir, wo ich nicht irre, im
Jahre 1776 im Frühlinge, daß er mein Manuscript ein wenig ge-
mustert und zum Drucke verkauft habe. Ich erschrak von Herzen darüber, denn ungeachtet ich alle Personen mit fremden
Namen benennet hatte: so befürchtete ich doch verdriesliche Folgen; doch es war nun nicht mehr zu ändern. Ich bekam also bald
hernach das Büchlein unter dem Namen: Stillings Jugend, zu
Gesichte, und fand, daß G. viel Planes und Seichtes ausgemerzt
habe, sogar sind grose und religiöse Stücke weggelassen, oder
verändert worden; aber Verzierungen hat er weder hinzu, noch
davon gethan, die da sind, sind alle von mir. [...]

8   JOHANN KARL WEZEL: Vorrede zu „Herrmann und Ulrike,
ein komischer Roman" (1780)

*Thema, Technik und poetische Wahrscheinlichkeit der
bürgerlichen Epopoe*

Der Roman ist eine Dichtungsart, die am meisten verachtet und
am meisten gelesen wird, die viele Kenntnisse, lange Arbeit und
angestrengte Übersicht eines weitläufigen Ganzen erfordert und
doch selbst von vielen Kunstverwandten sich als die Beschäfti-
gung eines Menschen verschreien lassen muß, der nichts besseres
hervorbringen kann. Ein Teil dieser unbilligen Schätzung ent-
stund aus dem Vorurteile, daß Werke, wovon die Griechen und
Römer keine Muster, und worüber Aristoteles keine Regeln gegeben hat, unmöglich unter die edleren Gattungen der Dichtkunst gehören könnten: zum Teil wurde sie auch durch die häu-
figen Mißgeburten veranlaßt, die in dieser Gattung erschienen
und lange den Ton darinne angaben; denn freilich, eine Menge
zusammengestoppelter übertriebner Situationen zusammenzurei-
hen; gezwungene unnatürliche Charaktere ohne Sitten, Leben

und Menschheit zusammenzustellen, und sich plagen, hauen, erwürgen und niedermetzeln zu lassen: oder einen Helden, der kaum ein Mensch ist, durch die ganze Welt herumzujagen und ihn Türken und Heiden in die Hände zu spielen, daß sie ihm als Sklaven das Leben sauer machen; ein verliebtes Mädchen durch mancherlei Qualen hindurchzuschleppen; Meerwunder von Tugend und schöne moralische Ungeheuer zu schaffen: ein solches Chaos von verschlungenen, gehäuften, unwahrscheinlichen Begebenheiten, Charaktere, die nirgends als in Romanen existierten und existieren konnten, solche Massen ohne Plan, poetische Haltung und Wahrscheinlichkeit zu erfinden, bedurfte es keines Dichtergenies und keiner dichterischen Kunst.

Der Verfasser gegenwärtigen Werkes war beständig der Meinung, daß man diese Dichtungsart dadurch aus der Verachtung und zur Vollkommenheit bringen könne, wenn man sie auf der einen Seite der Biographie und auf der andern dem Lustspiele näherte: so würde die wahre bürgerliche Epopöe entstehen, was eigentlich der Roman sein soll.

Das bisher sogenannte Heldengedicht und der Roman unterscheiden sich bloß durch den Ton der Sprache, der Charaktere und Situationen: alles ist in jenem poetisch, alles muß in diesem menschlich, alles dort zum Ideale hinaufgeschraubt, alles hier in der Stimmung des wirklichen Lebens sein. Die Regeln, die man für jenes gegeben hat, paßten auch auf diesen, wenn sie nur nicht bloß willkürliche Dinge beträfen: aber die wirklichen Regeln, die sich auf die Natur, das Wesen und den Endzweck einer poetischen Erzählung gründen, sind beiden gemein: was man bisher zu Regeln des epischen Gedichts machte, ging bloß die Form und Manier an, und waren alle bloß von der Homerischen abgezogen.

Die bürgerliche Epopöe nimmt durchaus in ihrem erzählenden Teile die Miene der Geschichte an, beginnt in dem bescheidenen Tone des Geschichtschreibers, ohne pomphafte Ankündigung, und erhebt und senkt sich mit ihren Gegenständen: das Wunderbare, welches sie gebraucht, besteht einzig in der sonderbaren Zusammenkettung der Begebenheiten, der Bewegungsgründe und Handlungen. In dem gewöhnlichen Menschenleben, aus welchem sie ihre Materialien nimmt, nennen wir eine Reihe von Begebenheiten wunderbar, die nicht täglich vorkömmt: die einzelnen Begebenheiten können und müssen häufig geschehen – denn sonst wären sie nicht wahrscheinlich – aber nicht ihre Verknüpfung und Wirkung zu einem Zwecke. So verhält es sich auch mit dem Wunderbaren der Handlungen: wir schreiben es ihnen alsdann zu, wenn sie entweder aus einer ungewöhnlichen Kombination von Bewegungsgründen und Leidenschaften entstehen oder in dem Grade der Tätigkeit, womit sie getan werden, zu einer ungewöhnlichen Höhe steigen. Je höher der Dichter dieses Wunderbare treibt, je mehr verliert er an der Wahrscheinlichkeit bei denjenigen Lesern, die das nur wahrscheinlich finden, was in dem Kreise ihrer Erfahrung am häufigsten geschehen ist: aber dies ist eine falsche Beurteilung der poetischen Wahrscheinlichkeit, die allein in der Hinlänglichkeit der Ursachen zu den Wirkungen besteht. Der Dichter schildert das Ungewöhnliche, es liege nun in dem Grade der Anspannung bei Leidenschaften und Handlungen oder in der Verknüpfung der Begebenheiten und ihrer Richtung zu einem Zwecke; und dies Ungewöhnliche wird poetisch wahrscheinlich, wenn die Leidenschaften durch hinlänglich starke Ursachen zu einem solchen Grade angespannt werden, wenn die vorhergehende Begebenheit hinlänglich stark ist, die folgende hervorzubringen, oder die Summe aller hinlänglich stark ist, den Zweck zu bewirken, auf welchen sie gerichtet sind. Dies ist der einzige feine Punkt, der das Wunderbare und Abenteuerliche scheidet.

Der Verfasser kann unmöglich in einer Vorrede die Ideen alle entwickeln, die ihn bei der Entwerfung seines Plans leiteten, und wie er seine beiden vorhin angegebnen Absichten zu erreichen suchte: er muß es auf das Urteil der Kunsterfahrnen ankommen lassen, ob sie in seinem Werke Spuren antreffen, daß er mit Wahl und Absicht verfuhr. Er wählte eine Handlung, die den größten Teil von dem Leben seiner beiden Helden einnahm, um sich die Rechte eines Biographen zu erwerben: aber er wählte unter den Begebenheiten und Handlungen, die diesen größten Teil des Lebens ausmachten, nur solche, die auf seine Haupthandlung Beziehung oder Einfluß hatten, um ein poetisches Ganze zu machen.

Jedes poetische Ganze hat zween Teile – die Anspinnung, Verwickelung und Entwickelung der Fabel: die Exposition und stufenweise Entwickelung des Hauptcharakters oder der Hauptcharaktere. Auf diese beiden Punkte muß der Blick des Dichters bei der Anordnung beständig gerichtet sein, um zu beurteilen, welche Charaktere er nur als Nebenfiguren behandeln, wie er sie stellen und handeln lassen soll, daß sie auf die Hauptpersonen ein vorteilhaftes Licht werfen, ihre Charaktere durch Kontrast oder bloß graduale Verschiedenheit heben und anschaulich machen; um zu beurteilen, wie er die Szenen stellen soll, daß die vorhergehenden die folgenden mittelbar oder unmittelbar vorbereiten und alle auf den Hauptzweck losarbeiten; welche er gleichsam nur im Schatten lassen, nur flüchtig und kurz übergehen, und welche er in das größte Licht setzen und völlig ausmalen soll; wie er sie so ordnen soll, daß jede mit der nächsten mehr oder weniger kontrastiert, und wie er dieses Mehr oder Weniger so einrichten soll, daß es Einförmigkeit und gezwungene Symmetrie verhindert.

Um sich diese und so viele andre Pflichten zu erleichtern, vereinigte der Verfasser alle Mittel, die dem Dichter verstattet sind – Erzählung und Dialog, worunter man auch den Brief rechnen muß, der eigentlich ein Dialog zwischen Abwesenden ist. Ob er ein jedes am rechten Orte, dem poetischen Effekte gemäß, gebraucht und den eigentlichen Dialog und die Erzählung gehörig ineinander verflößt hat, kann nur der Leser beurteilen, der hierinne kompetenter Richter ist. Wer ihm Fehler anzeigt und sich so dabei benimmt, daß er mit Nachdenken gelesen und mit Einsicht geurteilt zu haben scheint, wird ihn durch eine solche, mit Gründen unterstützte Anzeige so sehr verbinden als durch den uneingeschränktesten Beifall: wer aus geheimer Abneigung gegen den Verfasser oder aus Tadelsucht auf sein Buch schlechtweg schmäht und das Geradeste am schiefsten findet, wird erlangen, was er verdient – Verachtung.

Viele Leser erlassen dem Romanenschreiber gern alle mögliche poetische Vollkommenheiten, wenn er sie nur durch eine Menge seltsamer Begebenheiten unterhält, worunter eine mit der andern an Abenteuerlichkeit streitet, und die Personen recht winseln, brav küssen und oft sterben läßt: solche Leser werden bei dem Verfasser ihre Rechnung nicht sehr finden; denn er geht mit den Küssen außerordentlich knickerig um und steigt nie zu einer großen Quantität, um ihren Wert und Effekt nicht abzunutzen. Keine von seinen Personen wird bis zum Wahnsinne melancholisch, keine ist so sanft und schmelzend, als wenn sie nur ein Flui-

dum von Tränen wäre. Überhaupt hat der Verfasser die Ketze-
rei, daß er den raschen, von Sanftheit temperierten Ton in der
Menschheit liebt und die butterweichen Seelen, die fast gar keine
Konsistenz haben, schlechterdings entweder belachen oder ver-
achten muß: auch glaubt er daher, daß es für die Stimmung unsers Geistes zuträglicher wäre, wenn wir mit unsern Romanen
wieder in den Geschmack der Zeiten zurückgingen, wo der Liebhaber aus Liebe tätig wurde und nicht bloß aus Liebe litt, wo die
Liebe die Triebfeder zum Handeln, zu Beweisung großer Tugenden wurde, Geist und Nerven anspannte aber nicht erschlaffte.

Andre Leser verlangen bloß Muster der Tugend, oder wie sie
es nennen, die Menschheit auf der schönen Seite zu sehen: der
Verfasser hat allen Respekt für die Tugend und möchte sie, um
sich in diesem Respekte zu erhalten, nicht gern zur alltäglichen
Sache machen: er findet, daß diese kostbare Pflanze in unserer
Welt nur dünne gesäet ist, und will sich also nicht so sehr an dem
Schöpfer versündigen und seine Welt schöner machen, als er es
für gut befand.

Endlich suchen einige in einem Romane und auf dem Theater
die nämliche Erbauung, die ihnen eine Predigt gibt, und wollen
gern, wenn sie das Buch zumachen, das moralische Thema samt
seinen partibus wissen, das der Herr Autor abgehandelt hat. Für
diese hat der Verfasser der gegenwärtigen Geschichte am meisten
gesorgt; denn aus jeder Zeile können sie sich eine Moral ziehen,
wenn es ihnen beliebt.

9 JOHANN JOACHIM ESCHENBURG: Entwurf einer Theorie und
Litteratur der schönen Wissenschaften (1783)

Rhetorik, V. Historische Schreibart, 3. Romane

17. Dadurch, daß eine Erzählung erdichtet ist, wird eigentlich in
den wesentlichen Bestandtheilen ihrer Einrichtung und ihres Vor-
trages nichts verändert; und es gelten daher hier theils die von
der Erzählung überhaupt gegebenen Regeln, theils aber auch, in
gehöriger Anwendung, die in der Poetik über die dichtrische Erzählung ertheilten Vorschriften. Gute Erfindung, sowohl des
Hauptinhalts als der Nebenumstände, Neuheit und Interesse, so-

wohl in den Begebenheiten selbst als in der Erzählungsart, einsichtvolle Charakterisirung der handelnden Personen und ihrer Gesinnungen, Schönheit und Anmuth der Schreibart, dieß sind die nothwendigsten Eigenschaften, die man von einer solchen Erzählung verlangt.

18. Erdichtete Erzählungen sind in Ansehung ihres Inhalts, ihrer Form, und ihrer Ausführlichkeit, von verschiedner Art. Die kürzern nennt man vorzugsweise Erzählungen, oder, wenn ihr Inhalt auf Volkssage und übernatürlichen Voraussetzungen beruht, Mährchen. Und diese erhalten gemeiniglich durch ihren Vortrag das größte Verdienst, in welchem besonders ein leichter natürlicher Ton und eine gewisse Naivetät von der besten Wirkung sind. Von ihrem Inhalte darf man weder sonderliche Erheblichkeit, noch die strengste Wahrscheinlichkeit fodern, sondern nur denjenigen Grad derselben, der gewissen, oft nur im Reiche der Möglichkeit gegründeten Voraussetzungen entspricht. Ritterwesen und Feenwelt sind die gewöhnlichen Hülfsquellen dieser Erzählungen.

19. Größere Erzählungen, deren Stof mannichfaltiger und ergiebiger, und deren Ausführung umständlicher ist, nennt man Romane. Diese haben sowohl in Ansehung ihres Inhalts als ihrer Bearbeitung mit dem Heldengedichte sehr viel Ähnlichkeit; nur daß die Handlung eines Romans von kleinerm Umfange in Betracht ihres Einflusses und ihrer Wichtigkeit zu seyn pflegt, und sich gemeiniglich mehr auf den Menschen überhaupt, als auf einzelne heroische Personen und Thaten bezieht; daß ferner dem Roman das Wunderbare nicht so wesentlich eigen ist, als dem Heldengedichte; und daß endlich die Schreibart des erstern minder poetisch, feierlich oder geschmückt seyn, und sich in die Gränzen des prosaischen und leichtern Vortrags einschränken muß.

S. Versuch über den Roman, (von Hrn. v. Blankenburg,) Leipz. und Liegn. 1774. kl. 8. – Über den Ursprung und die Literatur der Romane s. Huet de Origine fabularum Romanensium, Hag. Com. 1682. 8. – Dr. Percy's Essay on the ancient metrical Romances, in his Reliques of anc. English Poetry, Vol. III. – Tho. Warton's Dissertation on the Origin of romantic fiction in Europe, in his Hist.

of Engl. Poetry, Vol. I. – De l'Usage des Romans, avec une Bibliotheque des Romans, par. Gordon de Percel, (Lenglet de Fresnoy,)
Amst. 1734. 2 Voll. 8.

20. Der Stof der Romane ist zuweilen, seiner Grundlage nach,
historisch; meistentheils aber völlig erdichtet. Übrigens giebt es
auch hier, wie beim Heldengedichte, zwei Hauptgattungen, die
ernsthafte und die komische. Zwischen beiden hält der Ritterroman gleichfalls das Mittel. Bei der ernsthaften Gattung ist gemeiniglich eine lebendige Darstellung der Natur und des sittlichen Lebens, und zugleich Interesse, Rührung und Belehrung
des Lesers die Absicht des Schriftstellers; bei der komischen ist es
bloß dessen Belustigung, vermittelst des Lächerlichen, Seltsamen
und Abentheuerlichen der Begebenheiten. Ohne Zweifel fodert
diese letztere Gattung einen größern Aufwand von Erfindung
und eigenthümlicher Laune, da hingegen die erstere eine genaue
Kenntniß der menschlichen Natur, und beide eine vorzügliche
Darstellungsgabe voraussetzen.

21. Das erste, worauf der Verfasser eines Romans zu sehen
hat, ist die gute Wahl seines Gegenstandes, nämlich einer Haupthandlung, die an einzelnen interessanten Vorfällen, anziehenden
Situationen, und mannichfaltigen Charaktergemälden ergiebig
ist. Sodann muß er auf die Ausführung selbst allen den Fleiß
wenden, welchen sowohl die Anlage des Plans, als eine geschickte
Bearbeitung bei einem Werke von größerm Umfange erfodert.
Hierauf werden sich manche Vorschriften der epischen und dramatischen Poesie anwenden lassen, in so fern die Theilnehmung
des Lesers hier nicht bloß von dem Inhalte, sondern vornehmlich von der Kunst des Schriftstellers abhängt, die Begebenheiten
gehörig zu ordnen und vortheilhaft zu stellen, den Knoten glücklich zu schürzen und aufzulösen, den Leidenschaften ihre wirk-
samste Stärke und Abstufungen zu geben, die Aufmerksamkeit
des Lesers immerfort rege zu erhalten, und seine Theilnehmung
durchgehends gleich lebhaft zu beschäfftigen.

22. Man sieht aus dem allen, daß man die Romane gewissermaßen auch als eine poetische Gattung ansehen kann. Und so ist
ihnen auch der zwiefache Zweck, zu gefallen und zu unterrich-
ten, auf den Verstand und auf Phantasie und Empfindung zu

wirken, mit der Poesie gemein. Je mehr ein Roman beide Zwecke mit einander vereinigt, desto vollkommner ist er. Nur muß man nicht das Gefallen bloß im Belustigen, und den Unterricht bloß in eigentlichen Lehrvorschriften setzen; sondern beides in einer so treffenden, wahren Nachahmung der Natur, die unsre Phantasie lebhaft unterhält, unser Herz innig beschäfftigt, und auf unsern Willen vortheilhaft wirkt. Sodann können wir durch Lesung des Romans unser Gefühl verfeinern, mit der Welt und der menschlichen Natur bekannter werden, und zugleich unsern Geist unschuldig und angenehm unterhalten. Solche Romane hingegen, worin das Laster empfohlen und die Wollust verführerisch geschildert wird, sind äusserst verwerflich. Und überhaupt muß man aus der Lektüre dieser Art nur beiläufige Erhohlung, nie aber einzige oder herrschende Beschäfftigung machen.

S. De l'Usage des Romans, T. I. Ch. I. II. IV–VII.

23. Form und Einkleidung des Romans sind sehr mannichfaltig; und sehr oft kann selbst ihre Abwechselung in Einem einzigen Ganzen den Werth desselben erhöhen. Die Form ist entweder bloß historisch oder erzählend, besonders da, wo es nur auf Fortführung und Darlegung der Handlung selbst ankommt, und dieser die Charaktere und der Unterricht untergeordnet sind; oder sie ist dramatisch und dialogisch, vornehmlich da, wo die meiste Absicht des Schriftstellers auf Schildrung und Entwickelung der Charaktere, und möglichst gegenwärtige Darstellung gerichtet ist. Beide Formen können daher, der jedesmaligen Absicht nach, sehr vortheilhaft verbunden werden. Manchmal wählt man auch die Einkleidung in Briefe, die zwischen den handelnden Personen gewechselt werden, und deren fortlaufende und verknüpfte Folge die ganze Geschichte des Romans enthält. Daß Briefe dieser Art mehr Beziehung auf Handlung und Thätigkeit, als auf Gesinnungen und Empfindungen haben müssen, ergiebt sich schon aus der Natur solcher Werke, deren Hauptinhalt Erzählung ist.

S. Versuch über den Roman, S. 509 ff.

24. Ihrer ganzen jetzigen Einrichtung nach, war diese schriftstellerische Gattung bei den Alten nicht gewöhnlich, da sie ihre erdichteten Erzählungen gemeiniglich in eigentliche Poesie ein-

zukleiden pflegen. Aus dem spätern Alterthum haben wir indeß einige hieher gehörige Arbeiten derer griechischen Schriftsteller, die wegen des vornehmlich durch Liebe motivirten Inhalts ihrer Erzählungen gewöhnlich Erotiker heissen. Von der Art sind: Heliodor, Achilles Tatius, Longus, Eustathius, Chariton, Xenophon der Ephesier; Aristänet und Alciphron. – Gewissermaßen lassen sich auch aus den frühern Zeiten einige Stücke des Lucian und Apulejus hieher rechnen.

Heliodori Aethiopicorum Libri X, ex ed. Bourdeloti, Par. 1619. 8. Lips. 1772. 8. – Achillis Tatii de amoribus Clitophontis et Leucippes Libri VIII, ex ed. B. G. L. Boden, Lips. 1776. 8. – Longi Pastoralium de Daphnide et Chloe Libri IV. ex ed. Bodenii, Lips. 1777. 8. cura J. B. C. d'Ansse de Villoison, Par. 1778. 8. – Eustathii de Ismeniae et Ismenes amoribus Libri XI, ed. Gaulmini, Par. 1618. 8. – Chariton de Chaerea et Callirrhoe, ed. J. P. d'Orville, Amst. 1750. 4. Lips. 1783. 8. – Xenophontis Ephesii Amores, ex ed. Ant. Cocchii, Lond. 1726. 8. – Aristaeneti Epistolarum Libri II, c. n. var. ex ed. F. L. Abresch, Zwollae, 1749. 8. – Ejusd. Lectionum Aristaenetar. Libri II, ibid. eod. – Alciphronis Epistolae, ex ed. Bergleri, Lips. 1715. 8. – Luciani Imagines – Verae Historiae LL. II. in Opp. – L. Apuleji Metamorphoseos de Asino Aureo, Libri IX, in Opp. Altenb. 1779. 8. übers. von Rode; Dessau, 1784. 8.

25. Schon gleich bei der ersten Wiederherstellung der Literatur gab es sehr viele, meistens metrisch eingekleidete Romane bei allen nur einigermaßen aufgeklärten Nationen. Hier schränken wir uns aber bloß auf die Anführung derer ein, die von Seiten des Geschmacks und ihres vorzüglichen Werths Auszeichnung verdienen. Dergleichen sind unter den spanischen die von Cervantes, Quevedo, und Hurtado de Mendoza.

S. eine umständlichere Nachweisung spanischer, italiänischer und französischer älterer Romane in des De Fresnoy schon angef. Bibliotheque des Romans, avec des remarques critiques sur leur choix et leurs differentes editions. – Über die ältern spanischen Ritterromane vergl. Don Quixote, B. I. Kap. VI. – Miguel de Cervantes Saavedra Vida y Hechos del ingenioso Hidalgo Don Quixote de la Mancha, en Haia, 1744. 4 Voll. 8. Novelas Exemplares, ib. 1739. 2 Voll. 8. La Galatea, Madr. 1736. 4. Los Trabajos de Persiles y Sigismunda, Madr. 1617. 4. S. Velazquez Gesch. der span. Dichtk. S. 323. – Don Francesco de Quevedo Villegas Historia de la vida del gran Buscon, Ruan, 1629. 8. u. a. m. in f. Obras, Madr. 1736. 6. Voll. 4. S. Velazquez, S. 226. – Don Diego Hurtado de Mendoza, Vida de Lazarillo de Tormes, Tarrazona, 1586. 12. S. Velazquez, S. 191.

26. Unter der zahlreichen Menge von ältern Romanen der Italiäner verdient hier keiner genannt zu werden. In der blühendsten Periode ihres Geschmacks schränkte man sich vornehmlich auf kleinere prosaische Erzählungen oder Novellen ein, von welchen diese Nation einen großen Vorrath besitzt. Die berühmtesten Erzähler dieser Art sind: Boccaccio, Bandello, Giovanni, Cinthio, Sansovino, Straparola und Sacchetti. Die neuern Romane der Italiäner sind meistens Nachahmung oder Übersetzungen von den berühmtesten ausländischen Werken dieser Art; die Originale, vom Abt Chiari und andern, sind fast alle äusserst weitschweifig und ermüdend.

S. Fontanini dell'Eloquenza Ital. T. II. p. 160. und Crescembeni Istoria della volgar Poesia, T. I. L. V. – – Die älteste und schätzbarste Novellensammlung: Libro di bel parlar gentile, contenente Cento Novelle Antiche, – – ed. da Domen. Maria Manni, Firenze, 1778. 79. 2 Voll. 4. (zuerst gedr. Bologna, 1525. 4.) – Il Decamerone di Giov. Boccaccio, Fir. 1527. 8. Ven. 1729. 8. – S. Istoria del Decamerone di Boccaccio, da D. M. Manni, Fir. 1742. 4. – Le Novelle di Matteo Bandello, Lucca, 1554. 3 Tomi, 4. – Il Pecorone di Ser Giovanni, Milano, 1758. 8. – Gli Hecatommichi di Giraldi Cinthio, Venez. 1574. 4. – Cento Novelle di Fr. Sansovino, scelte da più nobili Scritori, Venez. 1563. 8. – Le tredeci piacevoli Notti di Straparola, Venez. 1573. 8. – Novelle di Franco Sacchetti, Fir. 1724. 2 Voll. 8.

27. Die ältesten Romane der Franzosen gehören gleichfalls in die Zeit der zuerst wieder aufdämmernden Literatur; innern Werth und Interesse aber hat man ihnen erst im gegenwärtigen Jahrhundert zu ertheilen gewusst. Unter ihren fast unzähligen Romanenschriftstellern sind die merkwürdigsten: Prevot, d'Exiles, Marivaux, le Sage, Crebillon, Rousseau, Mad. Riccoboni, Voltaire, Marmontel, d'Arnaud, und Florian.

Auszüge der ältern französischen Romane liefert die Bibliotheque Universelle des Romans, Par. 1775 ss. 12. die noch Heftweise fortgesetzt wird. – – Prevot d'Exiles, Memoires d'un homme de qualité qui s'est retiré du monde, Amst. 1735. 7 Voll. 12. Histoire de Cleveland, Utr. 1734. 5 Voll. 12. Le Doyen de Killerine, Amst. 1743. 6

Voll. 12. Memoires d'un honnête homme, Amst. 1746. 8. – De Marivaux, Marianne, Haye, 1738. 12. Parties 12. Le Paysan parvenu, Haye, 1757. 8. PP. 12. Pharsamon, ou les nouvelles folies romanesques, Par. 1737. 2 PP. 12. – Le Sage, Histoire de Gilblas de Santillane, Par. 1747. 4 Voll. 12. Histoire d'Estevanille Gonzalez, Par. 1741. 2 Voll. 12. Le Diable Boiteux, Amst. 1759. 2 Voll. 12. – Crebillon le Fils, le Sopha, Par. 1749. 2 Voll. 12. Ah quel Conte, Brux. 1755. 8. u. a. m. – J. J. Rousseau, Julie, ou la nouvelle Heloise, Amst. 1763. 3 Voll. 12. – Histoire de Miss Jenny, par Mad. de Riccoboni, Amst. 1764. 12. Lettres du Marquis de Roselle, ib. 1764. 12. Lettres de Mylord Rivers, Par. 1767. 12. u. a. m. – De Voltaire, Candide ou l'Optimisme, Geneve, 1760. 12. Zadig, et Micromegas, petits Contes, dans ses Oeuvres. – De Marmontel, Contes Moraux Par. 1763. 3 Voll. 12. Belisaire, Par. 1766. 8. Les Incas, Par. 1777. 2 Voll. 8. – Oeuvres de Mr. d'Arnaud, Par. 1779. 10 Voll. 8. – Galathée; Roman Pastoral par Mr. de Florian; Par. 1786. 12. – Numa Pompilius; par le même; Par. 1787. 2 Voll. 12. – Estelle; Roman Pastoral, par le même; Par. 1788. 12.

28. Bei den Engländern hat diese Gattung noch größere Vollkommenheit erhalten, durch treuere, treffendere Schilderung der menschlichen Natur, durch lehrreichere Unterhaltung des Geistes, und stärkere Wirkung auf des Lesers theilnehmendes Gefühl. Von den vielen Verfassern englischer Romane nennen wir indeß nur die berühmtesten: Richardson, Fielding, Sterne, Goldsmith, und Miß Burney.

Sam. Richardson's History of Pamela, Lond. 1762. 4 Vols. 8. History of Clarissa, Lond. 1764. 8 Vols. 8. History of Sir Charles Grandison, Lond. 1762. 7 Vols. 8. – Fielding's History of Tom Jones, Lond. 1750. 4 Vols. 8. Amelia, Lond. 1750. 2 Vols. 8. History of Joseph Andrews, Lond. 1752. 2 Vols. 8. S. auch Fielding's Works, Lond. 1763. 8 Vols. 8. – Sterne's Life and Opinions of Tristram Shandy, Lond. 1759. 9 Voll. 8. a Sentimental Journey through France and Italy, Lond. 1767. 2 Vols. 8. – Goldsmith's Vicar of Wakefield, Lond. 1772. 8. – Evelina; or a young Lady's Entrance into the World; by Miss Burney; Lond. 1778. 3 Vols. 12. – Cecilia, or the Memoirs of an Heiress; Lond. 1782. 5 Vols. 12.

29. In Deutschland haben wir erst seit den letzen funfzehn bis zwanzig Jahren verschiedene Originalromane erhalten, die sich zum Theil von den ehemaligen geschmacklosen Werken dieser

Art, woran unsre Nation einen Überfluß hatte, eben so vortheilhaft unterscheiden, als von der Menge mißlungener Versuche
darin, womit sie noch immer heimgesucht wird. Die vornehmsten
darunter sind von Haller, Wieland, Göthe, Nicolai, Frau von
la Roche, Hermes, Dusch, Miller, Meißner, Wezel, Schummel,
Jung, Müller, Musäus, und einem Ungenannten.

Haller's Usong, eine orientalische Geschichte, Bern, 1773. 8. Alfred,
König der Angelsachsen, Gött. 1773. 8. Fabius und Kato, ein Stück
der römischen Geschichte, Bern und Gött. 1774. 8. – Wieland's
Abentheuer des Don Sylvio von Rosalva, Leipz. 1772. 2 Bde. 8.
Geschichte des Agathon, Leipz. 1773. 4 Bde. 8. Der goldne Spiegel,
oder die Könige von Scheschian, Leipz. 1772. 4 Bde. 8. – Göthe's
Leiden des jungen Werthers, Leipz. 1774. 8. und abgeändert in s.
Schriften, Th. 1. – Nicolai's Leben und Meinungen des Mag. Sebal-
dus Nothanker, Berl. 1773–76. 3 Bde. 8. – Fr. v. la Roche, Gesch.
des Fräul. v. Sternheim; Leipz. 1771. 2 Bde. 8. – Rosaliens Briefe
an ihre Freundinn; Altenb. 1779. 3 Bde. 8. Hermes's Geschichte der
Miß Fanny Wilkes, Leipz. 1770. 2 Bde. 8. Sophiens Reise von Me-
mel nach Sachsen, Leipz. 1778. 6 Bde. 8. – Dusch, der Verlobte
zweier Bräute; eine völlig neu gearbeitete Geschichte Carl Ferdi-
ners; Bresl. 1785. 3 Bde. 8. – J. M. Miller's Siegwart, eine Klostergeschichte, Leipz. 1777. 3 Bde. 8. Geschichte Karls von Burgheim
und Emiliens von Rosenau, Leipz. 1778. 4 Bde. 8. Beitrag zur
Geschichte der Zärtlichkeit in Briefen, Leipz. 1780. 8. – A. F. Meißner's Skizzen; 8 Theile, Leipz. 1784. 8. Alcibiades; Leipz. 1781. 85.
3 Bde. 8. Bianka Capello; ebend. 1785. 8. Masaniello; ebend. 1785.
8. – Wezel's Lebensgeschichte Tobias Knaut des Weisen, Leipz.
1774. 4 Bde. 8. Die wilde Betty, e. d. 1779. 8. Peter Marks, e. d.
1779. 8. Hermann und Ulrike, Leipz. 1779. 4 Bde. 8. Wilhelmine
Arend, Leipz. 1782. 2 Bde. 8. – Schummel's Spitzbart, eine komisch-
tragische Geschichte, Leipz. 1779. 8. – Jung's Stillings Jugend,
Jünglingsjahre und Wanderschaft, Berl. 1777. 8. Geschichte des
Hrn. v. Morgenthau, Berl. 1779. 2 Bde. 8. – (J. G. Müller's) Sieg-
fried von Lindenberg; Leipz. 1785. 4 Bde. 8. – Komische Romane
aus den Papieren des braunen Mannes; Göttingen, 1784. 86. 2 Bde.
8. – Musäus physiognomische Reisen; Altenb. 1778. 4 Bde. 8. –
Eines Ungenannten Lebensläufe in aufsteigender Linie, Berl. 1778 ff.
3 Bde. 8. – Einer der lehrreichsten deutschen Romane ist der Amyn-
tor, eine Geschichte in Briefen von Hrn. Eberhard; Berl. 1782. 8. – –
Zu den besten kleinern deutschen Erzählungen, meistens komischer
Art, gehören: Volksmährchen der Deutschen (von Musäus) Gotha,
1782–87. 5 Bde. 8. – Dschinnistan, oder auserlesene Feen- und

Geistermährchen; Winterthur, 1786. 87. 2 Bde. gr. 8. – Auszüge einheimischer und fremder Romane und kleinere Erzählungen liefert Hrn. Reichard's Bibliothek der Romane, Berl. 1778 ff. bis itzt 8 Bde. 8.

10 KARL PHILIPP MORITZ: Vorreden zu Teil 1 und zu Teil 2 des „Anton Reiser. Ein psychologischer Roman" (1785–1790)

Der psychologische Roman als innere Geschichte oder Biographie des Menschen

Dieser psychologische Roman könnte auch allenfalls eine Biographie genannt werden, weil die Beobachtungen größtentheils aus dem wirklichen Leben genommen sind. – Wer den Lauf der menschlichen Dinge kennt, und weiß, wie dasjenige oft im Fortgange des Lebens sehr wichtig werden kann, was anfänglich klein und unbedeutend schien, der wird sich an die anscheinende Geringfügigkeit mancher Umstände, die hier erzählt werden, nicht stossen. Auch wird man in einem Buche, welches vorzüglich die innere Geschichte des Menschen schildern soll, keine große Mannigfaltigkeit der Charaktere erwarten: denn es soll die vorstellende Kraft nicht vertheilen, sondern sie zusammendrängen, und den Blick der Seele in sich selber schärfen. – Freilich ist dieß nun keine so leichte Sache, daß gerade jeder Versuch darinn glücken muß – aber wenigstens wird doch vorzüglich in pädagogischer Rücksicht, das Bestreben nie ganz unnütz seyn, die Aufmerksamkeit des Menschen mehr auf den Menschen selbst zu heften, und ihm sein individuelles Daseyn wichtiger zu machen.

———

Um fernern schiefen Urtheilen, wie schon einige über dieß Buch gefällt sind, vorzubeugen, sehe ich mich genöthigt, zu erklären, daß dasjenige, was ich aus Ursachen, die ich für leicht zu errathen hielt, einen psychologischen Roman genannt habe, im eigentlichsten Verstande Biographie, und zwar eine so wahre und getreue Darstellung eines Menschenlebens, bis auf seine kleinsten Nüancen, ist, als es vielleicht nur irgend eine geben kann. –

Wem nun an einer solchen getreuen Darstellung etwas gelegen ist, der wird sich an das anfänglich unbedeutende und unwichtig scheinende nicht stoßen, sondern in Erwägung ziehen, daß dieß künstlich verflochtne Gewebe eines Menschenlebens aus einer unendlichen Menge von Kleinigkeiten besteht, die alle in dieser Verflechtung äußerst wichtig werden, so unbedeutend sie an sich scheinen. –

Wer auf sein vergangnes Leben aufmerksam wird, der glaubt zuerst oft nichts als Zwecklosigkeit, abgerißne Fäden, Verwirrung, Nacht und Dunkelheit zu sehen; jemehr sich aber sein Blick darauf heftet, desto mehr verschwindet die Dunkelheit, die Zwecklosigkeit verliert sich allmälig, die abgerißnen Fäden knüpfen sich wieder an, das Untereinandergeworfene und Verwirrte ordnet sich – und das Mißtönende löset sich unvermerkt in Harmonie und Wohlklang auf. –

11 JOHANN GOTTFRIED HERDER: Briefe zur Beförderung der Humanität (99. Brief, 1796)

Die unbeschränkten Möglichkeiten der Poesie in Prose

Das wahre Feld der Englischen Poesie haben Sie nicht berühret; es ist die einkleidende Prose. Sobald Chaucers Reime und die alten Balladen abgekommen waren, man auch merkte, daß Spensers Stanzen dieser Sprache eben so schwer als langweilig werden müßten, suchte man nach dem Beispiel Frankreichs die leichteste Auskunft, Prose.

Auch hier gab den Engländern ein Engländer, Shakespeare Art und Weise. Er hatte Charaktere und Leidenschaften so tief aus dem Grunde geschildert, die verschiedenen Stände, Alter, Geschlechter und Situationen der Menschen so wesentlich und energisch gezeichnet, daß ihm der Wechsel des Ortes und der Zeit, Griechenland, Rom, Sicilien und Böhmen durchaus keine Hinderniße in den Weg legten, und er mit der leichtesten Hand dort und hier hervorgeruffen hatte, was er wollte. In jedem seiner dramatischen Stücke lag also nicht nur ein Roman, sondern auch ein in seiner Art aufs vollkommenste nicht etwa beschriebener sondern dargestellter Philosophischer Roman fertig, in dem die tiefsten Quellen des Anmuthigen, Rührenden, wie andern Theils des Lächerlichen, Ergetzlichen geöfnet und angewandt waren. Sobald also jene alten Ritter- und Liebesgeschichten, von denen zuletzt Philipp Sidney's Arkadia sehr berühmt war, einer neueren Denkart Platz machten: so konnte man in England kaum andre als Romane in Shakespear's Manier, d. i. Philosophische Romane erwarten.

Der Weg zu ihnen war freilich ein beschwerlicher Weg; er ging durch Politik und Geschichte. Da England das erste Land in Europa war, in welchem der dritte Stand über Angelegenheiten des Reichs mitsprechen dorfte und von den Zeiten der Elisabeth an es ein so bewerbsamer Handelsstaat geworden war: so gingen die eigenthümlichen Sitten seiner Einwohner natürlicher Weise freier aus einander. Nicht alles war und blieb blos König, Baron, Ritter, Priester, Mönch, Sklave. Jeder Stand zeichnete sich in seinen Sitten ungestört aus, und dorfte nicht eben, um der Verachtung zu entgehen, Sitten und Sprache seiner höhern Mitstände nachahmen; kurz, er dorfte sich auch in seinem humour zeigen. Ohne Zweifel ist dies der Grund, warum die Engländer diese Eigenschaft so eifrig zu einem Zuge ihres Nationalcharakters gemacht haben; ihr humour nämlich war ein Sohn der Freimüthigkeit und eines eignen Betragens in allen Ständen. Witz, Eigensinn, gute und böse Laune, tolle Einfälle u. f. haben andre Nationen wie sie, oft beßer als sie; nur keine Nation, (ehemals vielleicht die Holländer und einige Deutsche Reichsstädte ausgenommen,) glaubte sie so offenbar äußern zu müßen, weil jede andre Nation das Gesetz der Gleichstellung mit andern zu hoch hielt. Wie aber der Italiäner seinen Capricci, der Franzose seiner Gaskonade freien Lauf läßt, so gab der Engländer seinem trägeren humour nach; ein großes Feld für Komödien und Romane –

Wie die Parlamente in England das öffentliche Reden in Gang brachten: so die öffentlichen Blätter das Schreiben über Meinungen und Charaktere. Zeitungen und Pamphlets, Wochenblätter und Monatschriften hatten Einkleidungen und Schreibart dem Englischen Roman gleichsam zugebildet, daher es kein Wunder ist, daß der Französische, Spanische und Italiänische Roman eine ganz andre Strasse nahm. Insonderheit ist der Englische Roman den Triumvirn der Englischen Prose, Swift, Addison und Steele den größesten Dank schuldig. Der erste schrieb seine Sprache in der höchsten Genauigkeit (Proprietät,) die er in einer Menge von Einkleidungen zu erhalten wußte. Sein Roman der Menschenfeindschaft, Gulliver, ist vielleicht vom menschenfreundlichsten, aber kranken, tiefverwundeten und seines Geschlechts überdrüßigen Denker geschrieben. Der glückliche Addison war von einer froheren Gemüthsart. Er und sein Gehülfe, Steele, besassen eben die goldne Mittelmäßigkeit, die zu guten Prose-Schriftstellern gehöret. Als Männer von Geschmack und von Weltkänntniß hatten sie das Richtmaas in sich, für die Menge zu schreiben, in keine Materie zu tief zu dringen und zu rechter Zeit ein Ende zu finden. Sie haben der Englischen Prose Curs gemacht und ihr das Mittelmaas gegeben, über und unter welchem man nicht schreibet.

Nun konnten also nach und nach (viele andre Vorarbeiten ungerechnet) die drei glücklichen Romanhelden auftreten, Fielding, Richardson, Sterne, die zu ihrer Zeit Epoche machten. So verschieden ihre Manier ist, so wenig schließen sie andre glückliche Formen aus, wie Smollets, Goldsmiths, Cumberlands und in andern Nationen andre schätzbare Originale zeigen. Keine Gattung der Poesie ist von weiterem Umfange, als der Roman; unter allen ist er auch der verschiedensten Bearbeitung fähig: denn er enthält oder kann enthalten nicht etwa nur Geschichte und Geographie, Philosophie und die Theorie fast aller Künste, sondern auch die Poesie aller Gattungen und Arten – in Prose. Was irgend den menschlichen Verstand und das Herz intereßiret, Leidenschaft und Charakter, Gestalt und Gegend, Kunst und Weisheit, was möglich und denkbar ist, ja das Unmögliche selbst kann und darf in einen Roman gebracht werden, sobald es unsern Verstand oder unser Herz intereßiret. Die größesten Disparaten läßt diese Dichtungsart zu: denn sie ist Poesie in Prose.

Man sagt zwar, daß in ihren besten Zeiten die Griechen und Römer den Roman nicht gekannt haben; dem scheint aber nicht also. Homers Gedichte selbst sind Romane in ihrer Art; Herodot schrieb seine Geschichte, so wahr sie seyn mag, als einen Roman; als einen Roman hörten sie die Griechen. So schrieb Xenophon die Cyropädie und das Gastmahl; so Plato mehrere seiner Gespräche; und was sind Lucians wunderbare Reisen? Wie jeder andern haben also auch der romantischen Einkleidung die Griechen Ziel und Maas gegeben. Daß mit der Zeit der Roman einen größeren Umfang, eine reichere Mannichfaltigkeit bekommen,

ist natürlich. Seitdem hat sich das Rad der Zeiten so oft umge-
wälzt und mit neuen Begebenheiten auch neue Gestalten der
Dinge zum Anschauen gebracht; wir sind mit so vielen Welt-
gegenden und Nationen bekannt worden, von denen die Griechen nicht wußten; durch das Zusammentreffen der Völker haben sich ihre Vorstellungen an einander so abgerieben, und überhaupt ist uns der Menschen Thun und Laßen selbst so sehr zum
Roman worden, daß wir ja die Geschichte selbst beinah nicht
anders als einen philosophischen Roman zu lesen wünschen. Wäre
sie immer auch nur so lehrreich vorgetragen, als Fieldings, Richardsons, Sterne's Romane! – [...]

12 FRIEDRICH MAXIMILIAN KLINGER: Vorrede zu den
Romanen (1798)

Romanzyklus und enzyklopädische Möglichkeiten

Ich wagte in den folgenden Bänden, was so viel mir bekannt ist,
kein Schriftsteller vor mir gewagt hat, ich faßte den wenigstens
kühnen Entschluß auf einmal den Plan zu zehen ganz verschiednen Werken zu entwerfen, und zwar so, daß jedes derselben ein
für sich bestehendes Ganze ausmachte, und sich am Ende doch
alle zu einem Hauptzweck vereinigten.

Diese so sehr verschiednen Werke sollten meine aus Erfahrung
und Nachdenken entsprungene Denkungsart über die natürlichen
und erkünstelten Verhältnisse des Menschen enthalten, dessen
ganzes moralische Daseyn umfassen, und alle wichtige Seiten
desselben berühren. Gesellschaft, Regierung, Religion, Wissenschaften, hoher idealischer Sinn, die süßen Träume einer andern
Welt, die schimmernde Hoffnung auf reinres Daseyn über dieser
Erde, sollten in ihrem Werthe und Unwerthe, in ihrer richtigen
Anwendung und ihrem Mißbrauche, aus den aufgestellten Ge-
mälden hervortreten, die natürlich eben so vielseitig werden
mußten, als sie sich uns in der moralischen Welt, durch ihren
schneidenden Kontrast, auffallend darstellen. Daher nun der
bloß scheinbare Widerspruch dieser Werke unter und gegen einander, welcher manchen Leser irre leiten könnte; und darum
scheint oft das folgende Werk niederzureißen, was das vorher-

gehende so sorgfältig aufgebaut hat. Beydes ist hier Zweck; und da uns die moralische Welt in der Wirklichkeit so viele verschiedne, oft bis zur Empörung widersprechende Seiten zeigt, so mußte eine jede, weil jede in der gegebenen Lage die wahre ist, so, und nicht anders, aufgefaßt werden. Hier nun muß die Erfahrung, und nicht die Theorie das Urtheil sprechen; denn die Widersprüche selbst zu vereinigen, oder das Räthsel selbst zu lösen, geht über unsre Kräfte, sollte und mußte über unsre Kräfte gehen. Auch dieses sollte hervorspringen. Wie es übrigens in der Welt, die wir die moralische nennen, hergehen sollte, habe ich nicht unterlassen anzuzeigen, und meine frommen Wünsche darüber liegen so klar am Tage, wie die jedes andern Gutmeinenden; auch werden sie wohl das Schicksal aller frommen Wünsche haben. Doch Wahrheit und Muth sind des Mannes herrlichster Werth, und darum stellte ich den Menschen in diesen Werken bald in seiner glänzendsten Erhabenheit, in seinem idealischsten Schwunge, bald wieder in seiner tiefsten Erniedrigung, seiner flachsten Erbärmlichkeit, auf. Hier leuchtet ihm die Tugend vor, das einzige wahre Bild der Gottheit, durch welches sie sich uns allein offenbarte; dort folgt er dem trugvollen täuschenden, bunten Götzen, dem Wahne, den er selbst geschaffen hat. Und so findet der Leser in diesen Werken den rastlosen, kühnen, oft fruchtlosen Kampf des Edeln mit den von diesem Götzen erzeugten Gespenstern; die Verzerrungen des Herzens und des Verstandes; die erhabenen Träume; den thierischen, verderbten, den reinen und hohen Sinn; Heldenthaten und Verbrechen; Klugheit und Wahnsinn; Gewalt und seufzende Unterwerfung; und, um es mit einem Worte zu bezeichnen, die ganze menschliche Gesellschaft mit ihren Wundern und ihren Thorheiten, ihren Scheußlichkeiten und ihren Vorzügen; aber auch das in jedem dieser Werke vorzüglich bemerkte Glück der natürlichen Einfalt, Beschränktheit und Gnügsamkeit, auf welche hinzudeuten ich nirgends unterlassen habe. Ist das Streben des Edeln und Guten etwas anders, als ein immerwährendes Ringen nach dem Glücke, das uns die Natur zudachte! Freylich ist die Forderung des Weisen an diese unsre Gnügsamkeit, Unterwerfung, Geduld und Beschränktheit, eins der Dinge, woraus sich gar vieles folgern ließe, und man möchte beynahe sagen, die Weisen suchten mehr durch diese Vermahnung den so sehr verwickelten Handel von sich abzulehnen, als ihn zu entscheiden; aber wenn nun selbst die Weisen nicht mehr als dieses vermögen? Wir, die wir den Glauben, (mit dem wir es nicht zu thun haben) den Heilbalsam der heutigen Philosophie, weder brauchen wollten noch konnten, wir mußten nach völliger Anerkennung der allgewaltigen Nothwendigkeit, unsre verwikkelten Darstellungen, endlich und zu allerletzt, auf die Fragen (von welchen wir in den ersten ausgingen) zurückführen: Warum? Wozu? Wofür? Wohin? Wir ließen sie den Genius der Menschheit selbst thun; er erhielt keine Antwort, vermuthlich darum, weil eine zu klare dem, diesem Genius untergeordneten, Geschlechte, doch zu nichts nützen würde, wenn es dasselbe nicht gar um alle Selbstständigkeit, und dadurch um allen Werth brächte. In diesem düstern Dunkel, das der Wiederschein des von der Erde entferntesten Gestirns kaum zu berühren scheint, steht das Wunder um so erhabener da; so wie uns der gewaltige nackende Felsen am Meer nie größer erscheint, als wenn wir ihn in die Nacht des Sturms gehüllt, auf Augenblicke von den Blitzen des Himmels erleuchtet sehen.

So steht nun das ganze Menschengeschlecht, in seiner Größe, Herrlichkeit und Erhabenheit, in seiner Niedrigkeit, Thorheit und Erbärmlichkeit, mit allen hohen Tugenden, Eigenschaften und Fähigkeiten, seinen scheußlichen Lastern, widrigen Verzerrungen, und dem ganzen Gefolge aller Mißbräuche seiner Fähigkeiten auf diesem so wunderbaren, sonderbaren als schaudervollen Schauplatze, und über dem Schauplatze herrscht tiefes, zermalmendes Schweigen auf alle obige Fragen, das nur der Träge, Feige, Niedrige und Schlechte, mißversteht und mißbraucht, da nichts diese Fragen beantwortet als unsre moralische Kraft, und auch sie nur ganz durch reines, thätiges Wirken. Denn nur eben dieses Schweigen konnte die moralische Welt zu unserm erworbenen Eigenthum, und durch das Erwerben zum verdienten Genuß der Erkenntniß des errungenen Zwecks unsers Daseyns machen. Unser immer geistiger Sinn sollte uns durch unser moralisches Wirken zu eigner, wahrer, faßlicher Offenbarung werden; und, daß wir dieß nur daraus erkennen, nur darin den Zweck unsers Daseyns fanden, finden könnten und sollten, macht eben den – sonst nur mit unerforschlichen Geheimnissen, unauflöslichen Räthseln, peinigenden Zweifeln, mit Furcht, Qual, Unsicherheit und Ungewißheit – von der Geburt umgebenen und umschlungenen Sohn der Erde zum Wundersohn einer höhern, unbegreiflichen Schöpfung. So findet der thätige Edle, Gute und Weise in diesem Leben, welches die Erscheinungen der Welt sonst zur unauflöslichen Aufgabe machen, einen Lichtweg zu erhabenen Gedanken, hohen Gefühlen, schönen Thaten, und knüpft durch jeden erhabenen Gedanken, jedes hohe Gefühl, jede schöne That, die Verbindung mit dem Erhabensten, dem Unbegreiflichen, fester, der sich ihm durch That – also – durch die Fähigkeit so denken, so fühlen und wirken zu können, so deutlich offenbaret hat, daß er durch sein Denken, Wirken, durch die Ahndungen einer geistigen, höhern Welt und das Sehnen nach ihr, beseelt, sich selbst muthig und hoffnungsvoll in unabhängiger Selbstständigkeit, auf diesem geheimnißvollen Schauplatz der Erde trägt, tragen kann und soll. Und auch nur so beweist er, daß ihn ein wirkender, schaffender Geist beseelt, daß er dieses selbst ist, und frey, würdig seines Urhebers – die Gewalt der physischen Nothwendigkeit allein anerkennend. [...]

13 Friedrich Maximilian Klinger: Betrachtungen und Gedanken über verschiedene Gegenstände der Welt und Litteratur (1803–1805)

Weltmarkt und Roman – scheußliches Schauspiel und romantisches Buch von der Tugend

776 Man sieht in reifern Jahren die Romane voll hohen Gefühls, erhabner Gesinnungen, hochedler Charaktere, schwärmerischer Tugend mit Kälte oder gar Verachtung an und findet es unbegreiflich, wie junge Leute solche unwahrscheinliche Träumereien lesen und bewundern können. Noch unbegreiflicher findet es mancher, wie er das selbst einst thun konnte. Aber der reife Mann, der dem Grunde dieser Kälte oder Verachtung ehrlich nachsinnt, wird bei dieser Veranlassung Entdeckungen über sich und die Welt machen, die ihm seine Kälte oder Verachtung bis zu seinem Verdruß erklären werden. Vielleicht entdeckt er gar, daß die Tugend selbst etwas Romantisches ist, und hält er nun dieses für Wahrheit, so untersuche er ernsthaft, wie, auf welchem Wege er um diesen romantischen Sinn gekommen ist; wahr-

scheinlich wird seine letzte Entdeckung dann mehr zu seinem Nachtheil, als zum Nachtheil des romantischen Sinns ausfallen.

777 Auf dem großen Weltmarkte muß freilich alles Große, Edle, Kühne und Heroische romantisch scheinen – aber man bedenke doch, was für ein scheußliches Schauspiel dieser Markt darstellen würde, wenn es nie aufträte.

14 MADAME DE STAEL: Versuch über die Dichtungen (dt. von J. W. v. Goethe 1796)

Die drei Klassen der Poesie

[...] Die Dichtungen können in drey Klassen getheilt werden. 1) Die wunderbaren und allegorischen Dichtungen. 2) Die historischen. 3) Die Dichtungen, wo alles zugleich erfunden und nachgeahmt ist, in denen nichts wahr, aber alles wahrscheinlich ist.

Wollte man hierüber ausführlich schreiben, so würde man ein weitläufiges Werk hervorbringen, das die meisten dichterischen Arbeiten begriffe; fast alles würde darin zur Sprache kommen, denn Ein Gedanke kann nur vollkommen durch die Verbindung aller übrigen entwickelt werden. Aber meine Absicht ist nur zu Gunsten der Romane zu schreiben, und ich werde zu zeigen suchen, daß ein Roman, der mit Feinheit, Beredtsamkeit, Tiefe und Moralität das Leben darstellt, wie es ist, die nützlichste von allen Dichtungen sey, und ich habe aus diesem Versuch alles, was dahin nicht zielen möchte, entfernt. [...]

Das Wunderbare im Epos und im Ritterroman

[...] Sind nicht in den epischen Gedichten, die wir wegen des Wunderbaren ihrer Fictionen schätzen, eben die Stellen die erhabensten, derer Schönheiten ganz unabhängig vom Wunderbaren sind? Was man in Miltons Satan bewundert, ist der Mensch, was von Achill übrig bleibt ist sein Character, was man bey der Leidenschaft Reinalds zu Armiden vergessen möchte, ist die Zauberey, die sich zu den Reitzen gesellt, die ihn entzündet haben. Was in der Aeneis wirkt, sind die Empfindungen die zu aller Zeit allen Herzen angehören und unsere tragischen Dichter, die aus alten Schriftstellern Gegenstände wählten, haben sie fast ganz von den wunderbaren Maschinen abgesondert die man meist an der Seite der grossen Schönheiten, wodurch die Werke des Alterthums sich auszeichnen, wirksam findet.

Die Ritterromane lassen noch mehr die Unbequemlichkeit des Wunderbaren fühlen; bey ihnen schadet es nicht allein dem Interesse der Begebenheiten, sondern es mischt sich auch in die Entwickelung der Charaktere und Empfindungen. Die Helden sind riesenmäßig, die Leidenschaften überschreiten die Wahrheit und eine eingebildete moralische Natur hat noch weit mehr Unbequemlichkeiten als die Wunder der Mythologie und der Feerey. Das Falsche ist inniger mit dem Wahren verbunden, und die Einbildungskraft selbst wirkt weniger; denn es ist hier die Rede nicht zu erfinden, sondern zu übertreiben was da ist, und eben was in der Wirklichkeit sehr schön ist, in einer Art von Carricatur darzustellen, wodurch sowohl Tapferkeit als Tugend lächerlich werden könnten, wenn Geschichtschreiber und Moralisten die Wahrheit nicht wieder herstellten. [...]

Aber es giebt eine andere Art von historischen Dichtungen die ich völlig verbannt wünschte, es sind Romane auf die Geschichte gepfropft, wie die Anecdoten des Hofs Philipp Augusts und andere. Man könnte diese Romane artig finden, wenn man die bekannten Nahmen veränderte, aber jetzt stellen sich diese Erzählungen zwischen uns und die Geschichte, um uns Details zu zeigen, deren Empfindung, indem sie den gewöhnlichen Lauf des Lebens nachahmt, sich dergestalt mit dem Wahren verwirrt, daß man sie davon nicht wieder abscheiden kann.

Diese Gattung zerstöhrt die Moralität der Geschichte, indem sie die Handlungen mit einer Menge Beweggründe, die niemals existirt haben, überladen muß, und reicht nicht an den Werth des Romans, weil sie, genöthigt sich an ein wahres Gewebe zu halten, den Plan nicht mit Freyheit und mit der Folge ausbilden kann, wie es bey einem Werk von reiner Empfindung nöthig ist. Das Interesse, das ein schon berühmter Nahme für den Roman erregen soll, gehört zu den Vortheilen der Anspielungen, und ich habe schon zu zeigen versucht, daß eine Dichtung, die Erinnerungen statt Entwickelungen zu Hülfe nimmt, niemals in sich selbst vollkommen sey. Auch ist es übrigens gefährlich die Wahrheit so zu entstellen; man mahlt in solchen Romanen nur die Verwickelungen der Liebe. Die übrigen Begebenheiten der Epoche die man wählt sind alle schon durch den Geschichtschreiber dargestellt, nun will man sie durch den Einfluß der Liebe erklären, um den Gegenstand seines Romans zu vergrössern; und so stellt man ein ganz falsches Bild des menschlichen Lebens auf. Man schwächt durch diese Dichtung die Wirkungen welche die Geschichte hervorbringen sollte, von der man den ersten Gedanken geborgt hat, wie ein übles Gemählde dem Eindruck des Originals schaden kann, woran es durch einige Züge unvollkommen erinnert. [...]

Die philosophische Intention des Romans: öffentliche Moralität

[...] Man hat eine besondere Klasse für die philosophischen Romane errichten wollen, und hat nicht bedacht, daß alle philosophisch seyn sollen. Alle sollen, aus der innern Natur des Menschen geschöpft, wieder zu seinem Innern sprechen, und hierzu gelangt man weniger wenn man alle Theile der Erzählung auf einen Hauptbegriff richtet, denn man kann alsdann weder wahr noch wahrscheinlich in der Verbindung der Begebenheiten seyn; jedes Kapitel ist eine Art von Allegorie, deren Begebenheiten nichts als das Bild des Grundsatzes darstellen, der nun folgen soll. Die Romane Candide, Zadik und Memnon, die übrigens so allerliebst sind, würden viel tiefer auf uns wirken, wenn sie erstlich nicht wunderbar wären, wenn sie ein Beispiel und kein Gleichniß darstellten, und dann wenn die Geschichte nicht gewaltsam auf Einen Zweck hindeutete. Diesen Romanen geht es wie den Lehrmeistern, denen die Kinder nicht glauben, weil alles, was begegnet, zu der Lection passen soll die sie ihnen einschärfen wollen; da doch die Kinder schon ohngefähr merken, daß in dem wahren Gang der Begebenheiten weniger Regelmäßigkeit ist.

Aber in den Romanen Richardsons und Fieldings, die sich an der Seite des Lebens halten um die Abstufungen, die Entwickelungen, die Inkonsequenzen der Geschichte des menschlichen Herzens darzustellen und doch dabey die beständige Rückkehr der Resultate aller Erfahrung zur Moralität der Handlungen und zum Vortheil der Tugend zu zeigen, sind die Begebenheiten er-

funden, aber die Empfindungen dergestallt aus der Natur, daß
der Leser oft glaubt, man rede mit ihm, und habe nur die kleine
Rücksicht genommen, den Nahmen der Person zu verändern.

Die Kunst Romane zu schreiben steht nicht in dem Rufe den
sie verdient, denn eine Menge ungeschickter Verfasser haben mit
ihren elenden Arbeiten eine Gattung erdrückt, in der die Vollkommenheit das größte Talent erfodert, und in welchem jedermann mittelmäßig seyn kann. Diese unzählbare Menge ge-
schmackloser Romane hat fast die Leidenschaft selbst, welche sie
schildern, abgenutzt, und man fürchtet sich in seiner eigenen Geschichte das mindeste Verhältniß zu Situationen zu finden, welche sie beschreiben. Nur die Autorität großer Meister konnte
diese Gattung wieder emporheben, ohngeachtet so viele Schriftsteller sie herunter gebracht hatten. Wie sehr zu bedauern ist es,
daß man solche Werke erniedrigt, indem man die häßlichen Gemählde des Lasters hineinmischte, und anstatt sich des Vortheils
der Dichtung zu bedienen, um alles was in der Natur belehren
und als Muster dienen könnte, um den Menschen zu sammeln,
geglaubt hat daß man die gehässigen Gemählde der verdorbenen
Sitten nicht ohne gute Wirkung darstellen könne, eben als wenn
ein Herz, das sie abstößt, so rein bliebe, als das Herz das sie niemals kannte.

Dagegen ist ein Roman, wie man sich davon einen Begriff machen kann, wie wir auch einige Muster haben, eine der schönsten
Productionen des moralischen Geistes. Sie wirkt mit stiller Gewalt auf die Gesinnungen der Privatpersonen, aus denen nach
und nach die öffentlichen Sitten sich bilden. Dem ohngeachtet ist
aus gewissen Ursachen die Achtung für das Talent das nöthig ist
um solche Werke hervorzubringen, nicht allgemein genug, da sie
sich gewöhnlich der Liebe widmen, der gewaltsamsten, allge-
meinsten und wahrsten aller Leidenschaften, diese aber ihren
Einfluß nur über die Jugend ausübt, und in den übrigen Epochen
des Lebens nicht mehr zur Theilnahme aufruft.

Aber sind nicht alle tiefe und zärtliche Empfindungen von der
Natur der Liebe? Wer ist zum Enthusiasmus der Freundschaft
fähig? wer zur Ergebung im Unglück? wer zur Verehrung seiner
Eltern? wer zur Leidenschaft für seine Kinder? als ein Herz das
die Liebe gekannt oder verziehen hat. Man kann Ehrfurcht für
seine Pflichten haben, aber niemals sie mit frohem Hingeben er-

füllen, wenn man nicht mit allen Kräften der Seele geliebt hat, wenn man nicht Einmal aufgehört hat zu seyn um ganz in einem andern zu leben. Das Schicksal der Weiber, das Glück der Männer, die nicht berufen sind, Reiche zu regieren, hängt oft für das übrige Leben von dem Einfluß ab, den sie in der Jugend der Liebe auf ihre Herzen erlaubt haben; aber in einem gewissen Alter vergessen sie jene Eindrücke ganz und gar, sie nehmen einen andern Character an, beschäftigen sich mit andern Gegenständen, und überlassen sich andern Leidenschaften.

Diese neuen Bedürfnisse müßte man auch zum Innhalt der Romane wählen, dann, scheint mir, würde sich eine neue Laufbahn denjenigen eröfnen, die das Talent besitzen zu schildern und durch die innerste Kenntniß aller Bewegungen des menschlichen Herzens uns anzulocken. Der Ehrgeitz, der Stolz, die Habsucht, die Eitelkeit könnten Gegenstände zu Romanen werden, deren Vorfälle neuer und deren Begebenheiten eben so mannichfaltig seyn würden, als diejenigen, die aus der Liebe entspringen. Wollte man sagen, daß die Schilderung jener Leidenschaften schon in der Geschichte aufgestellt wird, und daß man sie eigentlich da aufsuchen müsse, so läßt sich antworten: daß die Geschichte niemals zu dem Privatleben der Menschen reicht, nicht bis zu den Empfindungen und Charaktern, woraus keine öffentlichen Begebenheiten entsprungen sind. [...]

Ich will dadurch keineswegs der Geschichte zu nahe treten, und hier die Erfindungen ausschließlich vorziehen, denn diese müssen ja selbst aus der Erfahrung geschöpft werden. Die feinen Schattierungen, die uns der Roman vorlegt, fließen aus philosophischen Resultaten her, aus jenen Grundideen, die uns das große Bild der öffentlichen Begebenheiten gleichfalls darstellt. Aber die Moralität der Geschichte kann nur in ihrer großen Masse beruhen. Nur durch die Rückkehr einer gewissen Anzahl von Veränderungen lehrt uns die Geschichte wichtige Resultate, die jedoch nicht einzelne Menschen, wohl aber ganze Nationen sich zueignen können.

Ein Volk kann von den Regeln, welche die Geschichte aufstellt, Gebrauch machen, weil sie unveränderlich sind, und man sie auf allgemeine und große Verhältnisse immer anwenden kann, aber man sieht in der Geschichte nicht die Ursachen der vielfachen Ausnahmen und eben diese Ausnahmen können jeden einzelnen Menschen verführen; denn wenn die Geschichte uns bedeutende Umstände bewahrt, so bleiben doch dazwischen ungeheure Lücken, in welchen vieles Unglück, viele Fehler Raum haben, woraus doch die meisten Schicksale der Privatpersonen bestehen. Dagegen können die Romane mit so viel Gewalt und so ausführlich Character und Empfindungen mahlen, daß keine Lectüre einen so tiefen Haß gegen das Laster und eine so reine Liebe für die Tugend hervorbringen könnte. Die Moralität der Romane hängt mehr von der Entwickelung innerer Bewegungen der Seele, als von den Begebenheiten ab, die man erzählt; nicht aus dem willkührlichen Umstand, den der Verfasser erfindet, um das Laster zu strafen, zieht man die nützliche Lehre; aber die Wahrheit der Gemählde, die Steigerung oder Verkettung der Fehler, der Enthusiasmus bey Aufopferungen, die Theilnahme am Elend läßt unauslöschliche Züge zurück. Alles ist in solchen Romanen so wahrscheinlich, daß man sich leicht überredet, alles könne so begegnen; es ist nicht die Geschichte des Vergangenen, aber man könnte oft sagen, es sey die Geschichte der Zukunft. Man hat behauptet, daß Romane eine falsche Idee vom Menschen geben, das ist von schlechten Romanen wahr, wie von Gemählden, welche die Natur übel nachahmen; aber nichts giebt eine so tiefe Kenntniß des menschlichen Herzens, als diese Gemählde aller Umstände des gemeinen Lebens und der Eindrücke, die sie hervorbringen; nichts übt so sehr das Nachdenken, das in dem Einzelnen sehr viel mehr zu entdecken findet, als in allgemeinen Ideen. [...]

Überzeugung zur Tugend durch Rührung

[...] Ja! die rührenden Dichtungen sind es, welche die Seele in großmüthigen Leidenschaften üben und ihr darinn eine Gewohnheit geben. Ohne es zu wissen, geht sie ein Bündniß mit sich selbst ein, und sie würde sich schämen, zurückzutreten, wenn ihr eine solche Lage persönlich werden könnte.

Aber je mehr die Gabe zu rühren eine wirkliche Gewalt hat, desto nöthiger ist es, ihren Einfluß auf Leidenschaften eines jeden Alters, auf Pflichten einer jeden Lage auszudehnen. [...]

Aber ein neuer Richardson hat sich noch nicht gewidmet, die übrigen Leidenschaften der Menschen in einem Roman zu schildern, ihren Fortschritt, ihre Folgen ganz zu entwickeln, das Glück eines solchen Werks könnte nur aus der Wahrheit der Charactere, aus der Stärke der Contraste, der Energie der Situationen entstehen und nicht aus jener Empfindung, die so leicht zu mahlen ist, die uns sobald einnimmt, die den Weibern gefiele, durch das, woran sie erinnert, wenn sie auch nicht durch Größe oder Neuheit der Bilder anzöge. Was für Schönheiten liessen sich nicht in einem ehrgeitzigen Lovelace entdecken? auf welche Entwickelungen würde man gerathen, wenn man alle Leidenschaften zu ergründen und bis in ihre einzelnen Wirkungen zu kennen bemüht wäre, wie bisher die Liebe in den Romanen behandelt worden ist.

Man sage nicht, daß moralische Schriften zur Kenntniß unserer Pflichten vollkommen hinreichen; sie können nicht die Schattirungen einer zarten Seele verfolgen, sie können nicht zeigen, was alles in einer Leidenschaft liegt. Man kann aus guten Romanen eine reinere höhere Moral herausziehen, als aus einem didactischen Werk über Tugend; eine solche Schrift, indem sie trockner ist, muß zugleich nachsichtiger seyn, und die Grundsätze, welche man im allgemeinen muß anwenden können, werden niemals den Heroismus der Zartheit erreichen, von dem man wohl ein Beyspiel aufstellen, daraus aber mit Vernunft und Billigkeit niemals eine Pflicht machen kann.

Welcher Moralist hätte sagen dürfen: wenn deine Familie dich zwingen will einen abscheulichen Menschen zu heyrathen, und du dich durch diese Verfolgung verleiten lässest, einem Mann, der dir gefällt, nur einige Zeichen der reinsten Neigung zu geben, so wirst du dir Schande und Tod zuziehen! und doch ist das der Plan von Clarissen, das ists, was man mit Bewunderung ließt, ohne sich gegen den Verfasser aufzulehnen, der uns rührt und gewinnt. [...]

Zwar würden Charactere, die nur durch Beyhülfe der Rührung menschlich seyn könnten, die, wenn ich mich so ausdrücken darf, des physischen Vergnügens der Seele bedürfen, um gut und edel zu seyn, unsere Achtung wenig verdienen, aber wenn die Wirkung rührender Fictionen allgemein und popular würde, dürfte man vielleicht hoffen, in einer Nation solche Wesen nicht mehr zu finden, deren Character eine unbegreifliche moralische Aufgabe bleibt. Der Stufengang vom Bekannten zum Unbekannten ist lange unterbrochen, ehe man begreifen kann, was vor Empfindungen die Henker Frankreichs geleitet haben. Keine Beweglichkeit des Geistes, keine Erinnerung eines einzigen mitleidigen Eindrucks muß sich in ihre Seele bey keiner Gelegenheit durch keine Schrift entwickelt haben, daß es ihnen möglich ward, so anhaltend, so unnatürlich grausam zu seyn und dem menschlichen Geschlecht, zum erstenmal, eine vollkommene gränzenlose Idee des Verbrechens zu geben.

Es giebt Werke, wie der Brief Abelard's von Popen, Werther, die Portugiesischen Briefe; es giebt ein Werk in der Welt: die neue Heloise, deren größtes Verdienst in der Beredtsamkeit der Leidenschaften besteht, und obgleich der Gegenstand oft moralisch ist, so gewinnen wir doch eigentlich nur dadurch den Begriff von der Allmacht des Herzens. Man kann diese Art Romane in keine Classe stellen. Es giebt in einem Jahrhundert Eine Seele, Ein Genie, das dahin zu reichen vermag, es kann keine Gattung werden, man kann dabey keinen Endzweck sehen; aber wollte man wohl diese Wunder der Sprache verbieten, diese tiefgeholten mächtigen Ausdrücke, die allen Bewegungen passionierter Charactere genug thun. Leser, die ein solches Talent mit Enthusiasmus aufnehmen, sind nur in einer kleinen Anzahl und solche Werke thun ihren Bewunderern immer wohl. Laßt brennenden und gefühlvollen Seelen diesen Genuß, sie können ihre Sprache nicht verständlich machen; die Gefühle, von denen sie bewegt werden, begreift man kaum, und man verdammt sie immer. Sie würden sich auf der Welt ganz allein glauben, sie würden bald ihre Natur, die sie von allen Menschen trennt, verwünschen; wenn leidenschaftliche und melancholische Werke ihnen nicht eine Stimme in der Wüste des Lebens hören ließen, und in ihre Einsamkeit einige Strahlen des Glücks brächten, das ihnen in der Mitte der Welt entflieht. In diesen Freuden der Abgeschiedenheit finden sie Erholung von den vergeblichen Anstrengungen betrogner Hoffnung, und wenn die Welt sich fern von dem unglücklichen Wesen bewegt, so bleibt eine beredte und zärtliche Schrift bey ihm, wie ein treuer Freund, der ihn genau kennt. Ja das Buch verdient unsern Dank, das nur einen einzigen Tag den Schmerz zerstreut; es dient gewöhnlich den besten Menschen, denn zwar giebt es Schmerzen, die aus Fehlern des Characters entspringen, aber wie viele kommen nicht aus einer Superiorität des Geistes, oder aus einer Fühlbarkeit des Herzens, und man würde das Leben viel besser ertragen, wenn man einige Eigenschaften weniger hätte. Eh' ich es noch kenne, hab' ich Achtung für das Herz, das leidet, und gebe solchen Dichtungen Beyfall, wenn sie auch nur Linderung seiner Schmerzen zum Zweck hätten. In diesem Leben, wodurch man besser hindurch geht, je weniger man es fühlt, sollte man nur den Menschen von sich und andern abzuziehen suchen, die Wirkung der Leidenschaften aufhalten, und an ihre Stelle einen unabhängigen Genuß setzen. Wer es vermöchte, könnte für den größten Wohltäter des menschlichen Geschlechts gehalten werden, wenn der Einfluß seines Talents nicht auch verschwände.

15 JOHANN WOLFGANG V. GOETHE: Wilhelm Meisters Lehrjahre. 5. Buch, 7. Kapitel (1795–1796)

Roman und Drama

Einen Abend stritt die Gesellschaft, ob der Roman oder das Drama den Vorzug verdiene? Serlo versicherte, es sei ein vergeblicher, mißverstandener Streit; beide könnten in ihrer Art vortrefflich sein, nur müßten sie sich in den Grenzen ihrer Gattung halten.

„Ich bin selbst noch nicht ganz im klaren darüber", versetzte Wilhelm.

„Wer ist es auch?" sagte Serlo, „und doch wäre es der Mühe wert, daß man der Sache näher käme."

Sie sprachen viel herüber und hinüber, und endlich war folgendes ungefähr das Resultat ihrer Unterhaltung:

Im Roman wie im Drama sehen wir menschliche Natur und Handlung. Der Unterschied beider Dichtungsarten liegt nicht bloß in der äußern Form, nicht darin, daß die Personen in dem einen sprechen und daß in dem andern gewöhnlich von ihnen erzählt wird. Leider viele Dramen sind nur dialogierte Romane, und es wäre nicht unmöglich, ein Drama in Briefen zu schreiben.

Im Roman sollen vorzüglich Gesinnungen und Begebenheiten vorgestellt werden; im Drama Charaktere und Taten. Der Roman muß langsam gehen, und die Gesinnungen der Hauptfigur müssen, auf welche Weise es wolle, das Vordringen des Ganzen zur Entwicklung aufhalten. Das Drama soll eilen, und der Charakter der Hauptfigur muß sich nach dem Ende drängen und nur aufgehalten werden. Der Romanheld muß leidend, wenigstens nicht im hohen Grade wirkend sein; von dem dramatischen verlangt man Wirkung und Tat. Grandison, Clarisse, Pamela, der Landpriester von Wakefield, Tom Jones selbst sind, wo nicht leidende, doch retardierende Personen, und alle Begebenheiten werden gewissermaßen nach ihren Gesinnungen gemodelt. Im Drama modelt der Held nichts nach sich, alles widersteht ihm, und er räumt und rückt die Hindernisse aus dem Wege oder unterliegt ihnen.

So vereinigte man sich auch darüber, daß man dem Zufall im Roman gar wohl sein Spiel erlauben könne, daß er aber immer durch die Gesinnungen der Personen gelenkt und geleitet werden müsse; daß hingegen das Schicksal, das die Menschen, ohne ihr Zutun, durch unzusammenhängende äußere Umstände zu einer unvorgesehenen Katastrophe hindrängt, nur im Drama statthabe; daß der Zufall wohl pathetische, niemals aber tragische Situationen hervorbringen dürfe; das Schicksal hingegen müsse immer fürchterlich sein und werde im höchsten Sinne tragisch, wenn es schuldige und unschuldige, voneinander unabhängige Taten in eine unglückliche Verknüpfung bringt.

Diese Betrachtungen führten wieder auf den wunderlichen Hamlet und auf die Eigenheiten dieses Stücks. Der Held, sagte man, hat eigentlich auch nur Gesinnungen; es sind nur Begebenheiten, die zu ihm stoßen, und deswegen hat das Stück etwas von dem Gedehnten des Romans; weil aber das Schicksal den Plan gezeichnet hat, weil das Stück von einer fürchterlichen Tat ausgeht, und der Held immer vorwärts zu einer fürchterlichen Tat gedrängt wird, so ist es im höchsten Sinne tragisch und leidet keinen andern als einen tragischen Ausgang. [...]

Das Stadtpublikum

An Schiller, August 1797

[...] Sehr merkwürdig ist mir aufgefallen, wie es eigentlich mit dem Publiko einer großen Stadt beschaffen ist. Es lebt in einem beständigen Taumel von Erwerben und Verzehren, und das, was wir Stimmung nennen, läßt sich weder hervorbringen noch mitteilen; alle Vergnügungen, selbst das Theater, sollen nur zerstreuen, und die große Neigung des lesenden Publikums zu Journalen und Romanen entsteht eben daher, weil jene immer und diese meist Zerstreuung in die Zerstreuung bringen.

Ich glaube sogar eine Art von Scheu gegen poetische Produktionen, oder wenigstens insofern sie poetisch sind, bemerkt zu haben, die mir aus eben diesen Ursachen ganz natürlich vorkommt. Die Poesie verlangt, ja sie gebietet Sammlung, sie isoliert den Menschen wider seinen Willen, sie drängt sich wiederholt auf und ist in der breiten Welt (um nicht zu sagen in der großen) so unbequem wie eine treue Liebhaberin.

Ich gewöhne mich nun, alles, wie mir die Gegenstände vorkommen und was ich über sie denke, aufzuschreiben, ohne die genauste Beobachtung und das reifste Urteil von mir zu fordern oder auch an einen künftigen Gebrauch zu denken. Wenn man den Weg einmal ganz zurückgelegt hat, so kann man mit besserer Übersicht das Vorrätige immer wieder als Stoff gebrauchen. [...]

Romane in Briefen. Über Hermann und Dorothea

An Schiller, Dezember 1797

In der Beilage erhalten Sie meinen Aufsatz, den ich zu beherzigen, anzuwenden, zu modifizieren und zu erweitern bitte. Ich habe mich seit einigen Tagen dieser Kriterien beim Lesen der Ilias und des Sophokles bedient, sowie bei einigen epischen und tragischen Gegenständen, die ich in Gedanken zu motivieren versuchte, und sie haben mir sehr brauchbar, ja entscheidend geschienen.

Es ist mir dabei recht aufgefallen, wie es kommt, daß wir Moderne die Genres so sehr zu vermischen geneigt sind, ja daß wir gar nicht einmal imstand sind, sie voneinander zu unterscheiden. Es scheint nur daher zu kommen, weil die Künstler, die eigentlich die Kunstwerke innerhalb ihrer reinen Bedingungen hervorbringen sollten, dem Streben der Zuschauer und Zuhörer, alles völlig wahr zu finden, nachgeben. Meyer hat bemerkt, daß man alle Arten der bildenden Kunst hat bis zur Malerei hinantreiben wollen, indem diese durch Haltung und Farben die Nachahmung als völlig wahr darstellen kann. So sieht man auch im Gang der Poesie, daß alles zum Drama, zur Darstellung des vollkommen Gegenwärtigen sich hindrängt. So sind die Romane in Briefen völlig dramatisch, man kann deswegen mit Recht förmliche Dialoge, wie auch Richardson getan hat, einschalten; erzählende Romane mit Dialogen untermischt würden dagegen zu tadeln sein.

Sie werden hundertmal gehört haben, daß man nach Lesung eines guten Romans gewünscht hat, den Gegenstand auf dem Theater zu sehen, und wieviel schlechte Dramen sind daher entstanden. Ebenso wollen die Menschen jede interessante Situation gleich in Kupfer gestochen sehen, damit nur ja ihrer Imagination keine Tätigkeit übrigbleibe, so soll alles sinnlich wahr, vollkommen gegenwärtig, dramatisch sein, und das Dramatische selbst soll sich dem wirklich Wahren völlig an die Seite stellen. Diesen eigentlich kindischen, barbarischen, abgeschmackten Tendenzen sollte nun der Künstler aus allen Kräften widerstehn, Kunstwerk von Kunstwerk durch undurchdringliche Zauberkreise sondern, jedes bei seiner Eigenschaft und seinen Eigenheiten erhalten, so wie es die Alten getan haben und dadurch eben solche Künstler wurden und waren; aber wer kann sein Schiff von den Wellen sondern, auf denen es schwimmt? Gegen Strom und Wind legt man nur kleine Strecken zurück. [...]

Um nun zu meinem Aufsatze zurückzukommen, so habe ich den darin aufgestellten Maßstab an Hermann und Dorothea gehalten und bitte Sie desgleichen zu tun, wobei sich ganz interessante Bemerkungen machen lassen, als zum Beispiel

1. Daß kein ausschließlich episches Motiv, das heißt kein retrogradierendes, sich darin befinde, sondern daß nur die vier andern, welche das epische Gedicht mit dem Drama gemein hat, darin gebraucht sind.

2. Daß es nicht außer sich wirkende, sondern nach innen ge-

führte Menschen darstellt und sich auch dadurch von der Epopee entfernt und dem Drama nähert.

3. Daß es sich mit Recht der Gleichnisse enthält, weil bei einem mehr sittlichen Gegenstande das Zudringen von Bildern aus der physischen Natur nur mehr lästig gewesen wäre.

4. Daß es aus der dritten Welt, ob gleich nicht auffallend, noch immer genug Einfluß empfangen hat, indem das große Weltschicksal teils wirklich, teils durch Personen, symbolisch, eingeflochten ist und von Ahndung, von Zusammenhang einer sichtbaren und unsichtbaren Welt doch auch leise Spuren angegeben sind, welches zusammen nach meiner Überzeugung an die Stelle der alten Götterbilder tritt, deren physisch poetische Gewalt freilich dadurch nicht ersetzt wird. [...]

17 Johann Wolfgang v. Goethe und Friedrich Schiller: Über epische und dramatische Dichtung (1797)

Der Epiker und Dramatiker sind beide den allgemeinen poetischen Gesetzen unterworfen, besonders dem Gesetze der Einheit und dem Gesetze der Entfaltung; ferner behandeln sie beide ähnliche Gegenstände und können beide alle Arten von Motiven brauchen; ihr großer wesentlicher Unterschied beruht aber darin, daß der Epiker die Begebenheit als vollkommen vergangen vorträgt und der Dramatiker sie als vollkommen gegenwärtig darstellt. Wollte man das Detail der Gesetze, wonach beide zu handeln haben, aus der Natur des Menschen herleiten, so müßte man sich einen Rhapsoden und einen Mimen, beide als Dichter, jenen mit seinem ruhig horchenden, diesen mit seinem ungeduldig schauenden und hörenden Kreise umgeben, immer vergegenwärtigen, und es würde nicht schwer fallen zu entwickeln, was einer jeden von diesen beiden Dichtarten am meisten frommt, welche Gegenstände jede vorzüglich wählen, welcher Motive sie sich vorzüglich bedienen wird; ich sage vorzüglich; denn, wie ich schon zu Anfang bemerkte, ganz ausschließlich kann sich keine etwas anmaßen.

Die Gegenstände des Epos und der Tragödie sollten rein menschlich, bedeutend und pathetisch sein: die Personen stehen am besten auf einem gewissen Grade der Kultur, wo die Selbsttätigkeit noch auf sich allein angewiesen ist, wo man nicht moralisch, politisch, mechanisch, sondern persönlich wirkt. Die Sagen aus der heroischen Zeit der Griechen waren in diesem Sinne den Dichtern besonders günstig.

Das epische Gedicht stellt vorzüglich persönlich beschränkte Tätigkeit, die Tragödie persönlich beschränktes Leiden vor; das epische Gedicht den außer sich wirkenden Menschen: Schlachten, Reisen, jede Art von Unternehmung, die eine gewisse sinnliche Breite fordert, die Tragödie den nach innen geführten Menschen, und die Handlungen der echten Tragödie bedürfen daher nur weniges Raums.

Der Motive kenne ich fünferlei Arten:

1) Vorwärtsschreitende, welche die Handlung fördern; deren bedient sich vorzüglich das Drama.

2) Rückwärtsschreitende, welche die Handlung von ihrem Ziele entfernen; deren bedient sich das epische Gedicht fast ausschließlich.

3) Retardierende, welche den Gang aufhalten oder den Weg verlängern; dieser bedienen sich beide Dichtarten mit dem größten Vorteile.

4) Zurückgreifende, durch die dasjenige, was vor der Epoche des Gedichts geschehen ist, hereingehoben wird.

5) Vorgreifende, die dasjenige, was nach der Epoche des Gedichts geschehen wird, antizipieren; beide Arten braucht der epische sowie der dramatische Dichter, um sein Gedicht vollständig zu machen.

Die Welten, welche zum Anschauen gebracht werden sollen, sind beiden gemein:

1) Die physische, und zwar erstlich die nächste, wozu die dargestellten Personen gehören und die sie umgibt. In dieser steht der Dramatiker meist auf einem Punkte fest, der Epiker bewegt sich freier in einem größern Lokal; zweitens die entferntere Welt, wozu ich die ganze Natur rechne. Diese bringt der epische Dichter, der sich überhaupt an die Imagination wendet, durch Gleichnisse näher, deren sich der Dramatiker sparsamer bedient.

2) Die sittliche ist beiden ganz gemein und wird am glücklichsten in ihrer physiologischen und pathologischen Einfalt dargestellt.

3) Die Welt der Phantasien, Ahnungen, Erscheinungen, Zu-

fälle und Schicksale. Diese steht beiden offen, nur versteht sich, daß sie an die sinnliche herangebracht werde; wobei denn für die Modernen eine besondere Schwierigkeit entsteht, weil wir für die Wundergeschöpfe, Götter, Wahrsager und Orakel der Alten, so sehr es zu wünschen wäre, nicht leicht Ersatz finden.

Die Behandlung im ganzen betreffend, wird der Rhapsode, der das vollkommen Vergangene vorträgt, als ein weiser Mann erscheinen, der in ruhiger Besonnenheit das Geschehene übersieht; sein Vortrag wird dahin zwecken, die Zuhörer zu beruhigen, damit sie ihm gern und lange zuhören; er wird das Interesse egal verteilen, weil er nicht imstande ist, einen allzu lebhaften Eindruck geschwind zu balancieren; er wird nach Belieben rückwärts greifen und wandeln; man wird ihm überall folgen, denn er hat es nur mit der Einbildungskraft zu tun, die sich ihre Bilder selbst hervorbringt, und der es auf einen gewissen Grad gleichgültig ist, was für welche sie aufruft. Der Rhapsode sollte als ein höheres Wesen in seinem Gedicht nicht selbst erscheinen; er läse hinter einem Vorhange am allerbesten, so daß man von aller Persönlichkeit abstrahierte und nur die Stimme der Musen im allgemeinen zu hören glaubte.

Der Mime dagegen ist gerade in dem entgegengesetzten Fall; er stellt sich als ein bestimmtes Individuum dar, er will, daß man an ihm und seiner nächsten Umgebung ausschließlich teilnehme, daß man die Leiden seiner Seele und seines Körpers mitfühle, seine Verlegenheiten teile und sich selbst über ihn vergesse. Zwar wird auch er stufenweise zu Werke gehen, aber er kann viel lebhaftere Wirkungen wagen, weil bei sinnlicher Gegenwart auch sogar der stärkere Eindruck durch einen schwächeren vertilgt werden kann. Der zuschauende Hörer muß von Rechts wegen in einer steten sinnlichen Anstrengung bleiben, er darf sich nicht zum Nachdenken erheben; er muß leidenschaftlich folgen, seine Phantasie ist ganz zum Schweigen gebracht, man darf keine Ansprüche an sie machen, und selbst was erzählt wird, muß gleichsam darstellend vor die Augen gebracht werden.

Der Roman als subjektive Epopoe

935. Märchen: das uns unmögliche Begebenheiten unter möglichen oder unmöglichen Bedingungen als möglich darstellt.
936. Roman: der uns mögliche Begebenheiten unter unmöglichen oder beinahe unmöglichen Bedingungen als wirklich darstellt.
937. Der Romanheld assimiliert sich alles; der Theaterheld muß nichts Ähnliches in allem dem finden, was ihn umgibt.
938. Der Roman ist eine subjektive Epopöe, in welcher der Verfasser sich die Erlaubnis ausbittet, die Welt nach seiner Weise zu behandeln. Es fragt sich also nur, ob er eine Weise habe; das andere wird sich schon finden.
939. Der mittelmäßigste Roman ist immer noch besser als die mittelmäßigen Leser, ja der schlechteste partizipiert etwas von der Vortrefflichkeit des ganzen Genres.

19 FRIEDRICH SCHILLER: Vorerinnerung zu „Philosophische Briefe des Julius an Raphael" (1786)

Die Geschichte der Vernunft

Die Vernunft hat ihre Epochen, ihre Schiksale wie das Herz, aber ihre Geschichte wird weit seltner behandelt. Man scheint sich damit zu begnügen die Leidenschaften in ihren Extremen, Verirrungen und Folgen zu entwikeln, ohne Rüksicht zu nehmen wie genau sie mit dem Gedankensysteme des Individuums zusammenhängen. Die allgemeine Wurzel der moralischen Verschlimmerung ist eine einseitige und schwankende Philosophie, um so gefährlicher, weil sie die umnebelte Vernunft durch einen Schein von Rechtmäßigkeit, Wahrheit und Überzeugung blendet, und eben deswegen von dem eingebohrnen sittlichen Gefühle weniger in Schranken gehalten wird. Ein erleuchteter Verstand hingegen veredelt auch die Gesinnungen – der Kopf muß das Herz bilden.

In einer Epoche, wie die jezige, wo Erleichterung und Ausbreitung der Lektüre den denkenden Theil des Publikums so erstaunlich vergrößert, wo die glükliche Resignation der Unwissenheit einer halben Aufklärung Plaz zu machen anfängt, und nur wenige mehr da stehen bleiben wollen, wo der Zufall der Geburt sie hingeworfen, scheint es nicht so ganz unwichtig zu sein, auf gewisse Perioden der erwachenden und fortschreitenden Vernunft aufmerksam zu machen, gewisse Wahrheiten und Irrthümer zu berichtigen, welche sich an die Moralität anschließen und eine Quelle von Glükseligkeit und Elend sein können, und wenigstens die verborgenen Klippen zu zeigen, an denen die stolze Vernunft schon gescheitert hat. Wir gelangen nur selten anders als durch Extreme zur Wahrheit – wir müssen den Irrthum – und oft den Unsinn – zuvor erschöpfen, ehe wir uns zu dem schönen Ziele der ruhigen Weisheit hinauf arbeiten.

Einige Freunde, von gleicher Wärme für die Wahrheit und die sittliche Schönheit beseelt, welche sich auf ganz verschiedenen Wegen in derselben Überzeugung vereinigt haben, und nun mit ruhigerem Blik die zurükgelegte Bahn überschauen, haben sich zu dem Entwurfe verbunden, einige Revolutionen und Epochen des Denkens, einige Ausschweifungen der grübelnden Vernunft in dem Gemählde zweier Jünglinge von ungleichen Karakteren zu entwikkeln, und in Form eines Briefwechsels der Welt vorzulegen. Folgende Briefe sind der Anfang dieses Versuchs.

Meinungen, welche in diesen Briefen vorgetragen werden, können also auch nur beziehungsweise wahr oder falsch sein, gerade so, wie sich die Welt in dieser Seele und keiner andern spiegelt. Die Fortsetzung des Briefwechsels wird es ausweisen, wie diese einseitige, oft überspannte, oft widersprechende Behauptungen, endlich in eine allgemeine, geläuterte und festgegründete Wahrheit sich auflösen.

Scepticismus und Freidenkerei sind die Fieberparoxysmen des menschlichen Geistes, und müssen durch eben die unnatürliche Erschütterung die sie in gut organisirten Seelen verursachen, zulezt die Gesundheit bevestigen helfen. Je blendender, je verführender der Irrthum, desto mehr Triumph für die Wahrheit, je quälender der Zweifel, desto größer die Aufforderung zu Überzeugung und fester Gewisheit. Aber diese Zweifel, diese Irrthümer vorzutragen, war nothwendig; die Kenntniß der Krankheit mußte der Heilung vorangehen. Die Wahrheit verliert nichts, wenn ein heftiger Jüngling sie verfehlt, eben so wenig als die Tugend, und die Religion, wenn ein Lasterhafter sie verläugnet. [...]

Der sentimentalische Charakter im Roman

[...] An den bisherigen Beyspielen hat man gesehen, wie der
sentimentalische Dichtergeist einen natürlichen Stoff behandelt;
man könnte aber auch interessirt seyn, zu wissen, wie der naive
Dichtergeist mit einem sentimentalischen Stoff verfährt. Völlig
neu und von einer ganz eigenen Schwierigkeit scheint diese Aufgabe zu seyn, da in der alten und naiven Welt ein solcher Stoff
sich nicht vorfand, in der neuen aber der Dichter dazu fehlen
möchte. Dennoch hat sich das Genie auch diese Aufgabe gemacht
und auf eine bewundernswürdig glückliche Weise aufgelößt. Ein
Charakter, der mit glühender Empfindung ein Ideal umfaßt und
die Wirklichkeit flieht, um nach einem wesenlosen Unendlichen
zu ringen, der, was er in sich selbst unaufhörlich zerstört, unaufhörlich außer sich suchet, dem nur seine Träume das Reelle, seine
Erfahrungen ewig nur Schranken sind, der endlich in seinem
eigenen Daseyn nur eine Schranke sieht und auch diese, wie billig
ist, noch einreißt, um zu der wahren Realität durchzudringen –
dieses gefährliche Extrem des sentimentalischen Charakters ist
der Stoff eines Dichters geworden, in welchem die Natur ge-
treuer und reiner als in irgendeinem andern wirkt, und der sich
unter modernen Dichtern vielleicht am wenigsten von der sinnlichen Wahrheit der Dinge entfernt.

Es ist interessant zu sehen, mit welchem glücklichen Instinkt
alles, was dem sentimentalischen Charakter Nahrung giebt, im
Werther zusammengedrängt ist: schwärmerische unglückliche
Liebe, Empfindsamkeit für Natur, Religionsgefühle, philosophischer Contemplationsgeist, endlich, um nichts zu vergessen, die
düstre, gestaltlose, schwermüthige Ossianische Welt. Rechnet man
dazu, wie wenig empfehlend, ja, wie feindlich die Wirklichkeit
dagegen gestellt ist, und wie von außen her alles sich vereinigt,
den Gequälten in seine Idealwelt zurückzudrängen, so sieht man
keine Möglichkeit, wie ein solcher Charakter aus einem solchen
Kreise sich hätte retten können. In dem Tasso des nehmlichen
Dichters kehrt der nehmliche Gegensatz, wiewohl in verschiednen
Charakteren, zurück; selbst in seinem neuesten Roman stellt sich,

so wie in jenem ersten, der poetisirende Geist dem nüchternen Gemeinsinn, das Ideale dem Wirklichen, die subjective Vorstellungsweise der objectiven – – aber mit welcher Verschiedenheit! entgegen [...]

Der Romanschreiber als Halbbruder des Dichters

[...] Über Siegwart und seine Klostergeschichte hat man gespottet, und die Reisen nach dem mittäglichen Frankreich werden bewundert; dennoch haben beyde Produkte gleich großen Anspruch auf einen gewissen Grad von Schätzung und gleich geringen auf ein unbedingtes Lob. Wahre, obgleich überspannte Empfindung macht den erstern Roman, ein leichter Humor und ein aufgeweckter, feiner Verstand macht den zweyten schätzbar; aber so wie es dem einen durchaus an der gehörigen Nüchternheit des Verstandes fehlt, so fehlt es dem andern an ästhetischer Würde. Der erste wird der Erfahrung gegenüber ein wenig lächerlich, der andere wird dem Ideale gegenüber beynahe verächtlich. Da nun das wahrhaft Schöne einerseits mit der Natur und andrerseits mit dem Ideale übereinstimmend seyn muß, so kann der eine so wenig als der andere auf den Nahmen eines schönen Werks Anspruch machen. Indessen ist es natürlich und billig, und ich weiß es aus eigener Erfahrung, daß der Thümmelische Roman mit großem Vergnügen gelesen wird. Da er nun solche Foderungen beleidigt, die aus dem Ideal entspringen, die folglich von dem größten Theil der Leser gar nicht und von dem bessern gerade nicht in solchen Momenten, wo man Romane liest, aufgeworfen werden, die übrigen Foderungen des Geistes und – des Körpers hingegen in nicht gemeinem Grade erfüllt, so muß er und wird mit Recht ein Lieblingsbuch unserer und aller der Zeiten bleiben, wo man ästhetische Werke bloß schreibt, um zu gefallen, und bloß liest, um sich ein Vergnügen zu machen.

Aber hat die poetische Litteratur nicht sogar klassische Werke aufzuweisen, welche die hohe Reinheit des Ideals auf ähnliche Weise zu beleidigen und sich durch die Materialität ihres Innhalts von jener Geistigkeit, die hier von jedem ästhetischen Kunstwerk verlangt wird, sehr weit zu entfernen scheinen? Was selbst der Dichter, der keusche Jünger der Muse, sich erlauben darf, sollte das dem Romanschreiber, der nur sein Halbbruder ist und die

Erde noch so sehr berührt, nicht gestattet seyn? Ich darf dieser Frage hier um so weniger ausweichen, da sowohl im elegischen als im satyrischen Fache Meisterstücke vorhanden sind, welche eine ganz andere Natur, als diejenige ist, von der dieser Aufsatz spricht, zu suchen, zu empfehlen und dieselbe nicht sowohl gegen die schlechten als gegen die guten Sitten zu vertheidigen das Ansehen haben. Entweder müßten also jene Dichterwerke zu verwerfen oder der hier aufgestellte Begriff elegischer Dichtung viel zu willkührlich angenommen seyn.

Was der Dichter sich erlauben darf, hieß es, sollte dem prosaischen Erzähler nicht nachgesehen werden dürfen? Die Antwort ist in der Frage schon enthalten: was dem Dichter verstattet ist, kann für den, der es nicht ist, nichts beweisen. In dem Begriffe des Dichters selbst und nur in diesem liegt der Grund jener Freyheit, die eine bloße verächtliche Licenz ist, sobald sie nicht aus dem Höchsten und Edelsten, was ihn ausmacht, kann abgeleitet werden.

Die Gesetze des Anstandes sind der unschuldigen Natur fremd; nur die Erfahrung der Verderbniß hat ihnen den Ursprung gegeben. Sobald aber jene Erfahrung einmahl gemacht worden und aus den Sitten die natürliche Unschuld verschwunden ist, so sind es heilige Gesetze, die ein sittliches Gefühl nicht verletzen darf. Sie gelten in einer künstlichen Welt mit demselben Rechte, als die Gesetze der Natur in der Unschuldwelt regieren. Aber eben das macht ja den Dichter aus, daß er alles in sich aufhebt, was an eine künstliche Welt erinnert, daß er die Natur in ihrer ursprünglichen Einfalt wieder in sich herzustellen weiß. Hat er aber dieses gethan, so ist er auch eben dadurch von allen Gesetzen losgesprochen, durch die ein verführtes Herz sich gegen sich selbst sicherstellt. Er ist rein, er ist unschuldig, und was der unschuldigen Natur erlaubt ist, ist es auch ihm; bist du, der du ihn liesest oder hörst, nicht mehr schuldlos und kannst du es nicht einmahl momentweise durch seine reinigende Gegenwart werden, so ist es dein Unglück und nicht das seine; du verlässest ihn, er hat für dich nicht gesungen. [...]

[...] Man muß die überspannte Empfindung von dem Über-
spannten in der Darstellung unterscheiden; nur von der ersten ist
hier die Rede. Das Objekt der Empfindung kann unnatürlich
seyn; aber sie selbst ist Natur und muß daher auch die Sprache
derselben führen. Wenn also das Überspannte in der Empfindung
aus Wärme des Herzens und einer wahrhaft dichterischen Anlage fließen kann, so zeugt das Überspannte in der Darstellung
jederzeit von einem kalten Herzen und sehr oft von einem poetischen Unvermögen. Es ist also kein Fehler, vor welchem das sentimentalische Dichtergenie gewarnt werden müßte, sondern der
bloß dem unberufenen Nachahmer desselben drohet; daher er
auch die Begleitung des Platten, Geistlosen, ja des Niedrigen
keineswegs verschmäht. Die überspannte Empfindung ist gar
nicht ohne Wahrheit, und als wirkliche Empfindung muß sie
auch nothwendig einen realen Gegenstand haben. Sie läßt daher
auch, weil sie Natur ist, einen einfachen Ausdruck zu und wird
vom Herzen kommend auch das Herz nicht verfehlen. Aber da
ihr Gegenstand nicht aus der Natur geschöpft, sondern durch
den Verstand einseitig und künstlich hervorgebracht ist, so hat
er auch bloß logische Realität, und die Empfindung ist also nicht
rein menschlich. Es ist keine Täuschung, was Heloise für Abelard, was Petrarch für seine Laura, was St. Preux für seine Julie,
was Werther für seine Lotte fühlt, und was Agathon, Phanias,
Peregrinus Proteus (den Wielandischen meyne ich) für ihre Ideale
empfinden; die Empfindung ist wahr, nur der Gegenstand ist ein
gemachter und liegt außerhalb der menschlichen Natur. Hätte
sich ihr Gefühl bloß an die sinnliche Wahrheit der Gegenstände
gehalten, so würde es jenen Schwung nicht haben nehmen können; hingegen würde ein bloß willkührliches Spiel der Phantasie
ohne allen innern Gehalt auch nicht imstande gewesen seyn, das
Herz zu bewegen, denn das Herz wird nur durch Vernunft bewegt. Diese Überspannung verdient also Zurechtweisung, nicht
Verachtung, und wer darüber spottet, mag sich wohl prüfen, ob
er nicht vielleicht aus Herzlosigkeit so klug, aus Vernunftmangel
so verständig ist. So ist auch die überspannte Zärtlichkeit im
Punkt der Galanterie und der Ehre, welche die Ritterromane,
besonders die spanischen, charakterisirt, so ist die skrupulose,

bis zur Kostbarkeit getriebene Delikatesse in den französischen und englischen sentimentalischen Romanen (von der besten Gattung) nicht nur subjektiv wahr, sondern auch in objektiver Rücksicht nicht gehaltlos: es sind ächte Empfindungen, die wirklich eine moralische Quelle haben und die nur darum verwerflich sind, weil sie die Grenzen menschlicher Wahrheit überschreiten. Ohne jene moralische Realität – wie wäre es möglich, daß sie mit solcher Stärke und Innigkeit könnten mitgetheilt werden, wie doch die Erfahrung lehrt? Dasselbe gilt auch von der moralischen und religiösen Schwärmerey und von der exaltirten Freyheits- und Vaterlandsliebe. Da die Gegenstände dieser Empfindungen immer Ideen sind und in der äußeren Erfahrung nicht erscheinen (denn was z. B. den politischen Enthusiasten bewegt, ist nicht, was er siehet, sondern was er denkt), so hat die selbstthätige Einbildungskraft eine gefährliche Freyheit und kann nicht, wie in andern Fällen, durch die sinnliche Gegenwart ihres Objekts in ihre Grenzen zurückgewiesen werden. Aber weder der Mensch überhaupt noch der Dichter insbesondre darf sich der Gesetzgebung der Natur anders entziehen als um sich unter die entgegengesetzte der Vernunft zu begeben; nur für das Ideal darf er die Wirklichkeit verlassen, denn an einem von diesen beyden Ankern muß die Freyheit befestiget seyn. Aber der Weg von der Erfahrung zum Ideale ist so weit, und dazwischen liegt die Phantasie mit ihrer zügellosen Willkühr. Es ist daher unvermeidlich, daß der Mensch überhaupt, wie der Dichter insbesondere, wenn er sich durch die Freyheit seines Verstandes aus der Herrschaft der Gefühle begiebt, ohne durch Gesetze der Vernunft dazu getrieben zu werden, d. h. wenn er die Natur aus bloßer Freyheit verläßt, solang ohne Gesetz ist, mithin der Phantasterey zum Raube dahingegeben wird. [. . .]

21 FRIEDRICH SCHILLER: Briefe an Goethe (1796–1797)

Über Wilhelm Meister

An Goethe, 5. Juli 1796

Jetzt, da ich das Ganze des Romans mehr im Auge habe, kann ich nicht genug sagen, wie glücklich der Charakter des Helden von Ihnen gewählt worden ist, wenn sich so etwas wählen ließe.

Kein anderer hätte sich so gut zu einem Träger der Begebenheiten geschickt, und wenn ich auch ganz davon abstrahiere, daß nur an einem solchen Charakter das Problem aufgeworfen und aufgelöst werden konnte, so hätte schon zur bloßen Darstellung des Ganzen kein anderer so gut gepaßt. Nicht nur der Gegenstand verlangte ihn, auch der Leser brauchte ihn. Sein Hang zum Reflektieren hält den Leser im raschesten Laufe der Handlung still und nötigt ihn immer, vor- und rückwärts zu sehen und über alles, was sich ereignet, zu denken. Er sammelt sozusagen den Geist, den Sinn, den innern Gehalt von allem ein, was um ihn herum vorgeht, verwandelt jedes dunkle Gefühl in einen Begriff und Gedanken, spricht jedes einzelne in einer allgemeineren Formel aus, legt uns von allem die Bedeutung näher, und indem er dadurch seinen eigenen Charakter erfüllt, erfüllt er zugleich aufs vollkommenste den Zweck des Ganzen.

Der Stand und die äußre Lage, aus der Sie ihn wählten, macht ihn dazu besonders geschickt. Eine gewisse Welt ist ihm nun ganz neu, er wird lebhafter davon frappiert, und während daß er beschäftigt ist, sich dieselbe zu assimilieren, führt er auch uns in das Innere derselben und zeigt uns, was darin Reales für den Menschen enthalten ist. In ihm wohnt ein reines und moralisches Bild der Menschheit, an diesem prüft er jede äußere Erscheinung derselben, und indem von der einen Seite die Erfahrung seine schwankenden Ideen mehr bestimmen hilft, rektifiziert eben diese Idee, diese innere Empfindung gegenseitig wieder die Erfahrung. Auf diese Art hilft Ihnen dieser Charakter wunderbar, in allen vorkommenden Fällen und Verhältnissen das rein Menschliche aufzufinden und zusammen zu lesen. Sein Gemüt ist zwar ein treuer, aber doch kein bloß passiver Spiegel der Welt, und obgleich seine Phantasie auf sein Sehen Einfluß hat, so ist dieses doch nur idealistisch, nicht phantastisch, poetisch, aber nicht schwärmerisch; es liegt dabei keine Willkür der spielenden Einbildungskraft, sondern eine schöne moralische Freiheit zum Grunde.

Überaus wahr und treffend schildert ihn seine Unzufriedenheit mit sich selbst, wenn er Theresen seine Lebensgeschichte aufsetzt. Sein Wert liegt in seinem Gemüt, nicht in seinen Wirkungen, in seinem Streben, nicht in seinem Handeln; daher muß ihm sein Leben, sobald er einem andern davon Rechenschaft geben will, so gehaltleer vorkommen. Dagegen kann eine Therese und ähnliche Charaktere ihren Wert immer in barer Münze aufzählen, immer durch ein äußres Objekt dokumentieren. Daß Sie aber Theresen einen Sinn, eine Gerechtigkeit für jene höhere Natur geben, ist wieder ein sehr schöner und zarter Charakterzug: in ihrer klaren Seele muß sich auch das, was sie nicht in sich hat, abspiegeln können; dadurch erheben Sie sie auf einmal über alle jene bornierte Naturen, die über ihr dürftiges Selbst auch in der Vorstellung nicht hinaus können. Daß endlich ein Gemüt wie Theresens an eine ihr selbst so fremde Vorstellungs- und Empfindungsweise glaubt, daß sie das Herz, welches derselben fähig ist, liebt und achtet, ist zugleich ein schöner Beweis für die objektive Realität derselben, der jeden Leser dieser Stelle erfreuen muß.

Es hat mich auch in dem achten Buche sehr gefreut, daß Wilhelm anfängt, sich jenen imposanten Autoritäten, Jarno und dem Abbé gegenüber mehr zu fühlen. Auch dies ist ein Beweis, daß er seine Lehrjahre ziemlich zurückgelegt hat, und Jarno antwortet bei dieser Gelegenheit ganz aus meiner Seele: „Sie sind bitter, das ist recht schön und gut, wenn Sie nur erst einmal recht böse werden, so wird es noch besser sein." – Ich gestehe, daß es mir ohne diesen Beweis von Selbstgefühl bei unserm Helden peinlich sein würde, ihn mir mit dieser Klasse so eng verbunden zu denken, wie nachher durch die Verbindung mit Natalien geschieht. Bei dem lebhaften Gefühl für die Vorzüge des Adels und bei dem ehrlichen Mißtrauen gegen sich selbst und seinen Stand, das er bei so vielen Gelegenheiten an den Tag legt, scheint er nicht ganz qualifiziert zu sein, in diesen Verhältnissen eine vollkommene Freiheit behaupten zu können, und selbst noch jetzt, da Sie ihn mutiger und selbständiger zeigen, kann man sich einer gewissen Sorge um ihn nicht erwehren. Wird er den Bürger je vergessen können, und muß er das nicht, wenn sich sein Schicksal vollkommen schön entwickeln soll? Ich fürchte, er wird ihn nie ganz vergessen, er hat mir zu viel darüber reflektiert, er wird, was er einmal so bestimmt außer sich sah, nie vollkommen in sich hineinbringen können. Lotharios vornehmes Wesen wird ihn, so wie Nataliens doppelte Würde des Standes und des Herzens, immer in einer gewissen Inferiorität erhalten. Denke ich mir ihn zugleich als den Schwager des Grafen, der das

Vornehme seines Standes auch durch gar nichts Ästhetisches mildert, vielmehr durch Pedanterie noch recht heraussetzt, so kann mir zuweilen bange für ihn werden.

Es ist übrigens sehr schön, daß Sie, bei aller gebührenden Achtung für gewisse äußere positive Formen, sobald es auf etwas rein Menschliches ankommt, Geburt und Stand in ihre völlige Nullität zurückweisen und zwar, wie billig, ohne auch nur ein Wort darüber zu verlieren. Aber was ich für eine offenbare Schönheit halte, werden Sie schwerlich allgemein gebilliget sehen. Manchem wird es wunderbar vorkommen, daß ein Roman, der so gar nichts „Sansculottisches" hat, vielmehr an manchen Stellen der Aristokratie das Wort zu reden scheint, mit drei Heuraten endigt, die alle drei Mißheuraten sind. Da ich an der Entwicklung selbst nichts anders wünsche, als es ist, und doch den wahren Geist des Werkes auch in Kleinigkeiten und Zufälligkeiten nicht gerne verkannt sehe, so gebe ich Ihnen zu bedenken, ob der falschen Beurteilung nicht noch durch ein paar Worte „in Lotharios Munde" zu begegnen wäre. Ich sage in Lotharios Munde, denn dieser ist der aristokratischste Charakter. Er findet bei den Lesern aus seiner Klasse am meisten Glauben, bei ihm fällt die Mésalliance auch am stärksten auf; zugleich gäbe dieses eine Gelegenheit, die nicht so oft vorkommt, Lotharios vollendeten Charakter zu zeigen. Ich meine auch nicht, daß dieses bei der Gelegenheit selbst geschehen sollte, auf welche der Leser es anzuwenden hat; desto besser vielmehr, wenn es unabhängig von jeder Anwendung und nicht als Regel für einen einzelnen Fall aus seiner Natur heraus gesprochen wird. [...]

An Goethe, 8. Juli 1796

[...] Vorzüglich sind es zwei Punkte, die ich Ihnen, vor der gänzlichen Abschließung des Buches, noch empfehlen möchte.

Der Roman, so wie er da ist, nähert sich in mehrern Stücken der Epopee, unter andern auch darin, daß er Maschinen hat, die in gewissem Sinne die Götter oder das regierende Schicksal darin vorstellen. Der Gegenstand forderte dieses. Meisters Lehrjahre sind keine bloß blinde Wirkung der Natur, sie sind eine Art von Experiment. Ein verborgen wirkender höherer Verstand, die Mächte des Turms, begleiten ihn mit ihrer Aufmerksamkeit, und ohne die Natur in ihrem freien Gange zu stören, beobachten, leiten sie ihn von ferne und zu einem Zwecke, davon er selbst keine Ahnung hat, noch haben darf. So leise und locker auch dieser Einfluß von außen ist, so ist er doch wirklich da, und zu Erreichung des poetischen Zwecks war er unentbehrlich. Lehrjahre sind ein Verhältnisbegriff, sie fordern ihr Correlatum, die Meisterschaft, und zwar muß die Idee von dieser letzten jene erst erklären und begründen. Nun kann aber diese Idee der Meisterschaft, die nur das Werk der gereiften und vollendeten Erfahrung ist, den Helden des Romans nicht selbst leiten; sie kann und darf nicht, als sein Zweck und Ziel, vor ihm stehen, denn sobald er das Ziel sich dächte, so hätte er es eo ipso auch erreicht; sie muß also als Führerin hinter ihm stehen. Auf diese Art erhält das Ganze eine schöne Zweckmäßigkeit, ohne daß der Held einen Zweck hätte; der Verstand findet also ein Geschäft ausgeführt, indes die Einbildungskraft völlig ihre Freiheit behauptet.

Daß Sie aber auch selbst bei diesem Geschäfte, diesem Zweck – dem einzigen in dem ganzen Roman, der wirklich ausgesprochen wird – selbst bei dieser geheimen Führung Wilhelms durch Jarno und den Abbé, alles Schwere und Strenge vermieden und die Motive dazu eher aus einer Grille, einer Menschlichkeit, als aus moralischen Quellen hergenommen haben, ist eine von den Ihnen eigensten Schönheiten. Der Begriff einer Maschinerie wird dadurch wieder aufgehoben, indem doch die Wirkung davon bleibt, und alles bleibt, was die Form betrifft, in den Grenzen der Natur, nur das Resultat ist mehr, als die bloße sich selbst überlassene Natur hätte leisten können.

Bei dem allen aber hätte ich doch gewünscht, daß Sie das Bedeutende dieser Maschinerie, die notwendige Beziehung derselben auf das Innere Wesen, dem Leser ein wenig näher gelegt hätten. Dieser sollte doch immer klar in die Ökonomie des Ganzen blikken, wenn diese gleich den handelnden Personen verborgen bleiben muß. Viele Leser, fürchte ich, werden in jenem geheimen Einfluß bloß ein theatralisches Spiel und einen Kunstgriff zu finden glauben, um die Verwicklung zu vermehren, Überraschungen zu erregen und dergleichen. Das achte Buch gibt nun zwar einen historischen Aufschluß über alle einzelnen Ereignisse, die durch jene Maschinerie gewirkt wurden, aber den ästhetischen Aufschluß über den innern Geist, über die poetische Notwendigkeit jener Anstalten gibt es nicht befriedigend genug: auch ich selbst habe mich erst bei dem zweiten und dritten Lesen davon überzeugen können.

Wenn ich überhaupt an dem Ganzen noch etwas auszustellen hätte, so wäre es dieses, „daß bei dem großen und tiefen Ernste, der in allem Einzelnen herrscht und durch den es so mächtig wirkt, die Einbildungskraft zu frei mit dem Ganzen zu spielen scheint." – Mir deucht, daß Sie hier die freie Grazie der Bewegung etwas weiter getrieben haben, als sich mit dem poetischen Ernste verträgt, daß Sie über dem gerechten Abscheu vor allem Schwerfälligen, Methodischen und Steifen sich dem andern Extrem genähert haben. Ich glaube zu bemerken, daß eine gewisse Kondeszendenz gegen die schwache Seite des Publikums Sie verleitet hat, einen mehr theatralischen Zweck und durch mehr theatralische Mittel, als bei einem Roman nötig und billig ist, zu verfolgen.

Wenn je eine poetische Erzählung der Hülfe des Wunderbaren und Überraschenden entbehren konnte, so ist es Ihr Roman; und gar leicht kann einem solchen Werke schaden, was ihm nicht nützt. Es kann geschehen, daß die Aufmerksamkeit mehr auf das Zufällige geheftet wird, und daß das Interesse des Lesers sich konsumiert, Rätsel aufzulösen, da es auf den innern Geist konzentriert bleiben sollte. [...]

Sie haben in dem achten Buch verschiedene Winke hingeworfen, was Sie unter den Lehrjahren und der Meisterschaft gedacht wissen wollen. Da der Ideen-Inhalt eines Dichterwerks, vollends bei einem Publikum wie das unsrige, so vorzüglich in Betrachtung kommt und oft das einzige ist, dessen man sich nachher noch erinnert, so ist es von Bedeutung, daß Sie hier völlig begriffen werden. Die Winke sind sehr schön, nur nicht hinreichend scheinen sie mir. Sie wollten freilich den Leser mehr selbst finden lassen, als ihn geradezu belehren; aber eben weil Sie doch etwas heraussagen, so glaubt man, dieses sei nun auch alles, und so haben Sie Ihre Idee enger beschränkt, als wenn Sie es dem Leser ganz und gar überlassen hätten, sie herauszusuchen.

Wenn ich das Ziel, bei welchem Wilhelm nach einer langen Reihe von Verirrungen endlich anlangt, mit dürren Worten auszusprechen hätte, so würde ich sagen: „er tritt von einem leeren und unbestimmten Ideal in ein bestimmtes tätiges Leben, aber ohne die idealisierende Kraft dabei einzubüßen." Die zwei entgegengesetzten Abwege von diesem glücklichen Zustand sind in dem Roman dargestellt und zwar in allen möglichen Nüancen und Stufen. Von jener unglücklichen Expedition an, wo er ein Schauspiel aufführen will, ohne an den Inhalt gedacht zu haben, bis auf den Augenblick, wo er – Theresen zu seiner Gattin wählt, hat er gleichsam den ganzen Kreis der Menschheit einseitig durchlaufen; jene zwei Extreme sind die beiden höchsten Gegensätze, deren ein Charakter wie der seinige nur fähig ist, und daraus muß nun die Harmonie entspringen. Daß er nun, unter der schönen und heitern Führung der Natur (durch Felix) von dem Idealischen zum Reellen, von einem vagen Streben zum Handeln und zur Erkenntnis des Wirklichen übergeht, ohne doch dasjenige dabei einzubüßen, was in jenem ersten strebenden Zustand Reales war, daß er Bestimmtheit erlangt, ohne die schöne Bestimmbarkeit zu verlieren, daß er sich begrenzen lernt, aber in dieser Begrenzung selbst, durch die Form, wieder den Durchgang zum Unendlichen findet und so fort, dieses nenne ich die Krise seines Lebens, das Ende seiner Lehrjahre, und dazu scheinen sich mir alle Anstalten in dem Werk auf das vollkommenste zu vereinigen. Das schöne Naturverhältnis zu seinem Kinde und die Verbindung mit Nataliens edler Weiblichkeit garantieren diesen Zustand der geistigen Gesundheit, und wir sehen ihn, wir scheiden von ihm auf einem Wege, der zu einer endlosen Vollkommenheit führet.

Die Art nun, wie Sie sich über den Begriff der Lehrjahre und der Meisterschaft erklären, scheint beiden eine engere Grenze zu setzen. Sie verstehen unter den ersten bloß den Irrtum, dasjenige außer sich zu suchen, was der innere Mensch selbst hervorbringen muß; unter der zweiten die Überzeugung von der Irrigkeit jenes Suchens, von der Notwendigkeit des eignen Hervorbringens und so weiter. Aber läßt sich das ganze Leben Wilhelms, so wie es in dem Romane vor uns liegt, wirklich auch vollkommen unter diesem Begriffe fassen und erschöpfen? Wird durch diese Formel alles verständlich? Und kann er nun bloß dadurch, daß sich das Vaterherz bei ihm erklärt, wie am Schluß des siebenten Buchs geschieht, losgesprochen werden? Was ich also hier wünschte, wäre dieses, daß die Beziehung aller einzelnen Glieder des Romans auf jenen philosophischen Begriff noch etwas klarer gemacht würde. Ich möchte sagen, die Fabel ist vollkommen wahr, auch die Moral der Fabel ist vollkommen wahr, aber das Verhältnis der einen zu der andern springt noch nicht deutlich genug in die Augen. [...]

An Goethe, 9. Juli 1796

Es ist mir sehr lieb, zu hören, daß ich Ihnen meine Gedanken über jene zwei Punkte habe klar machen können und daß Sie Rücksicht darauf nehmen wollen. Das, was Sie Ihren realistischen Tic nennen, sollen Sie dabei gar nicht verleugnen. Auch das gehört zu Ihrer poetischen Individualität, und in den Grenzen von dieser müssen Sie ja bleiben; alle Schönheit in dem Werk muß Ihre Schönheit sein. Es kommt also bloß darauf an, aus dieser subjektiven Eigenheit einen objektiven Gewinn für das Werk zu ziehen, welches gewiß gelingt, sobald Sie wollen. Dem Inhalte nach muß in dem Werk alles liegen, was zu seiner Erklärung nötig ist, und der Form nach muß es notwendig darin liegen, der innere Zusammenhang muß es mit sich bringen – aber wie fest oder locker es zusammenhängen soll, darüber muß Ihre eigenste Natur entscheiden. Dem Leser würde es freilich bequemer sein, wenn Sie selbst ihm die Momente, worauf es ankommt, blank und bar zuzählten, daß er sie nur in Empfang zu nehmen brauchte; sicherlich aber hält es ihn bei dem Buche fester und führt ihn öfter zu demselben zurück, wenn er sich selber helfen muß. Haben Sie also nur dafür gesorgt, daß er gewiß findet, wenn er mit gutem Willen und hellen Augen sucht, so ersparen Sie ihm ja das Suchen nicht. Das Resultat eines solchen Ganzen muß immer die eigene, freie, nur nicht willkürliche Produktion des Lesers sein, es muß eine Art von Belohnung bleiben, die nur dem Würdigen zuteil wird, indem sie dem Unwürdigen sich entziehet. [...]

Zu meiner nicht geringen Zufriedenheit habe ich in dem achten Buche auch ein paar Zeilen gefunden, die gegen die Metaphysik Fronte machen und auf das spekulative Bedürfnis im Menschen Beziehung haben. Nur etwas schmal und klein ist das Almosen ausgefallen, das Sie der armen Göttin reichen, und ich weiß nicht, ob man Sie mit dieser kargen Gabe quittieren kann. Sie werden wohl wissen, von welcher Stelle ich hier rede, denn ich glaube es ihr anzusehen, daß sie mit vielem Bedacht darein gekommen ist.

Ich gestehe es, es ist etwas stark, in unserm spekulativischen Zeitalter einen Roman von diesem Inhalt und von diesem weiten Umfang zu schreiben, worin „das einzige was not ist" so leise abgeführt wird – einen so sentimentalischen Charakter, wie Wilhelm doch immer bleibt, seine Lehrjahre ohne Hülfe jener würdigen Führerin vollenden zu lassen. Das schlimmste ist, daß er sie wirklich in allem Ernste vollendet, welches von der Wichtigkeit jener Führerin eben nicht die beste Meinung erweckt.

Aber im Ernste – woher mag es kommen, daß Sie einen Menschen haben erziehen und fertig machen können, ohne auf Bedürfnisse zu stoßen, denen die Philosophie nur begegnen kann? Ich bin überzeugt, daß dieses bloß der ästhetischen Richtung zuzuschreiben ist, die Sie in dem ganzen Roman genommen. Innerhalb der ästhetischen Geistesstimmung regt sich kein Bedürfnis nach jenen Trostgründen, die aus der Spekulation geschöpft werden müssen; sie hat Selbständigkeit, Unendlichkeit in sich; nur wenn sich das Sinnliche und das Moralische im Menschen feindlich entgegenstreben, muß bei der reinen Vernunft Hülfe gesucht werden. Die gesunde und schöne Natur braucht, wie Sie selbst sagen, keine Moral, kein Naturrecht, keine politische Metaphysik; Sie hätten ebensogut auch hinzusetzen können, sie braucht keine Gottheit, keine Unsterblichkeit, um sich zu stützen und zu halten. Jene drei Punkte, um die zuletzt alle Spekulation sich dreht, geben einem sinnlich ausgebildeten Gemüt zwar Stoff zu einem poetischen Spiel, aber sie können nie zu ernstlichen Angelegenheiten und Bedürfnissen werden.

Das einzige könnte man vielleicht noch dagegen erinnern, daß unser Freund jene ästhetische Freiheit noch nicht so ganz besitzt, die ihn vollkommen sicher stellte, in gewisse Verlegenheiten nie zu geraten, gewisser Hülfsmittel (der Spekulation) nie zu bedürfen. Ihm fehlt es nicht an einem gewissen philosophischen Hange, der allen sentimentalen Naturen eigen ist, und käme er also einmal ins Spekulative hinein, so möchte es bei diesem Mangel eines philosophischen Fundaments bedenklich um ihn stehen; denn nur die Philosophie kann das Philosophieren unschädlich machen; ohne sie führt es unausbleiblich zum Mystizism. (Die Stiftsdame selbst ist ein Beweis dafür. Ein gewisser ästhetischer Mangel machte ihr die Spekulation zum Bedürfnis, und sie verirrte zur Herrenhuterei, weil ihr die Philosophie nicht zu Hülfe kam;

als Mann hätte sie vielleicht alle Irrgänge der Metaphysik durch-
wandert.)

Nun ergeht aber die Foderung an Sie (der Sie auch sonst überall ein so hohes Genüge getan), Ihren Zögling mit vollkommener
Selbständigkeit, Sicherheit, Freiheit und gleichsam architektoni-
scher Festigkeit so hinzustellen, wie er ewig stehen kann, ohne
einer äußern Stütze zu bedürfen; man will ihn also durch eine
ästhetische Reife auch selbst über das Bedürfnis einer philosophischen Bildung, die er sich nicht gegeben hat, vollkommen hinweg-
gesetzt sehen. Es fragt sich jetzt: ist er Realist genug, um nie
nötig zu haben, sich an der reinen Vernunft zu halten? Ist er es
aber nicht – sollte für die Bedürfnisse des Idealisten nicht etwas
mehr gesorgt sein?

Sie werden vielleicht denken, daß ich bloß einen künstlichen
Umweg nehme, um Sie doch in die Philosophie hineinzutreiben,
aber was ich noch etwa vermisse, kann sicherlich auch in Ihrer
Form vollkommen gut abgetan werden. Mein Wunsch geht bloß
dahin, daß Sie die Materien quaestionis nicht umgehen, sondern
ganz auf Ihre Weise lösen möchten. Was bei Ihnen selbst alles
spekulative Wissen ersetzt und alle Bedürfnisse dazu Ihnen
fremd macht, wird auch bei Meistern vollkommen genug sein. Sie
haben den Oheim schon sehr vieles sagen lassen, und auch Meister berührt den Punkt einigemal sehr glücklich; es wäre also
nicht so gar viel mehr zu tun. Könnte ich nur in Ihre Denkweise
dasjenige einkleiden, was ich im Reich der Schatten und in den
ästhetischen Briefen, der meinigen gemäß, ausgesprochen habe,
so wollten wir sehr bald einig sein. [...]

An Goethe, 20. Oktober 1797

Vor einigen Tagen überschickte uns Böttiger zwei schöne
Exemplare Ihres Hermanns, womit wir sehr erfreuet wurden. Er
ist also nunmehr in der Welt, und wir wollen hören, wie sich die
Stimme eines Homerischen Rhapsoden in dieser neuen politisch
rhetorischen Welt ausnehmen wird. Ich habe das Gedicht nun
wieder mit dem alten ungeschwächten Eindruck und mit neuer
Bewegung gelesen, es ist schlechterdings vollkommen in seiner
Gattung, es ist pathetisch mächtig und doch reizend in höchstem
Grad, kurz, es ist schön, was man sagen kann.

Auch den Meister habe ich ganz kürzlich wieder gelesen, und es ist mir noch nie so auffallend gewesen, was die äußere Form doch bedeutet. Die Form des Meisters, wie überhaupt jede Romanform, ist schlechterdings nicht poetisch, sie liegt ganz nur im Gebiete des Verstandes, steht unter allen seinen Foderungen und partizipiert auch von allen seinen Grenzen. Weil es aber ein echt poetischer Geist ist, der sich dieser Form bediente und in dieser Form die poetischsten Zustände ausdrückte, so entsteht ein sonderbares Schwanken zwischen einer prosaischen und poetischen Stimmung, für das ich keinen rechten Namen weiß. Ich möchte sagen, es fehlt dem Meister (dem Roman nämlich) an einer gewissen poetischen Kühnheit, weil er, als Roman, es dem Verstande immer recht machen will – und es fehlt ihm wieder an einer eigentlichen Nüchternheit (wofür er doch gewissermaßen die Foderung rege macht), weil er aus einem poetischen Geiste geflossen ist. Buchstabieren Sie das zusammen, wie Sie können, ich teile Ihnen bloß meine Empfindung mit.

Da Sie auf einem solchen Punkte stehen, wo Sie das Höchste von sich fodern müssen und Objektives mit Subjektivem absolut in Eins zerfließen muß, so ist es durchaus nötig, dafür zu sorgen, daß dasjenige, was Ihr Geist in Ein Werk legen kann, immer auch die reinste Form ergreife, und nichts davon in einem unreinen Medium verloren gehe. Wer fühlt nicht alles das im Meister, was den Hermann so bezaubernd macht! Jenem fehlt nichts, gar nichts von Ihrem Geiste, er ergreift das Herz mit allen Kräften der Dichtkunst und gewährt einen immer sich erneuenden Genuß, und doch führt mich der Hermann (und zwar bloß durch seine rein poetische Form) in eine göttliche Dichterwelt, da mich der Meister aus der wirklichen Welt nicht ganz herausläßt.

Da ich doch einmal im Kritisieren bin, so will ich noch eine Bemerkung machen, die mir bei dem neuen Lesen sich aufdrang. Es ist offenbar zu viel von der Tragödie im Meister; ich meine das Ahndungsvolle, das Unbegreifliche, das subjektiv Wunderbare, welches zwar mit der poetischen Tiefe und Dunkelheit, aber nicht mit der Klarheit sich verträgt, die im Roman herrschen muß und in diesem auch so vorzüglich herrscht. Es inkommodiert, auf diese Grundlosigkeiten zu geraten, da man überall festen Boden unter sich zu fühlen glaubt, und, weil sich sonst alles so schön vor dem Verstand entwirret, auf solche Rätsel zu geraten. Kurz, mir deucht, Sie hätten sich hier eines Mittels bedient, zu dem der Geist des Werks Sie nicht befugte. [...]

22 FRIEDRICH HÖLDERLIN: Brief v. Juli 1793 an Ch.L.Neuffer

„Terra incognita im Reiche der Poesie"

[...] Ich fand bald, daß meine Hymnen mir doch selten in dem Geschlechte, wo doch die Herzen schöner sind, ein Herz gewinnen werden, u. diß bestärkte mich in meinem Entwurfe eines griechischen Romans. Laß Deine edlen Freundinnen urteilen, aus dem Fragmente, das ich unsrem Stäudlin heute schike, ob mein Hyperion nicht vieleicht einmal ein Pläzchen ausfüllen dürfte, unter den Helden, die uns doch ein wenig besser unterhalten, als die wort- und abenteuerreichen Ritter. [...]

Nur so viel. Dieses Fragment scheint mer ein Gemengsel zufälliger Launen, als die überdachte Entwiklung eines vestgefaßten Karakters, weil ich die Motive zu den Ideen u. Empfindungen noch im Dunkeln lasse, u. diß darum, weil ich mer das Geschmaksvermögen durch ein Gemälde von Ideen und Empfindungen (zu aesthetischem Genusse), als den Verstand durch regelmäßige psychologische Entwiklung beschäftigen wolte. Natürlich muß sich aber doch am Ende alles genau auf den Karakter, u. die Umstände, die auf ihn wirken, zurükfüren lassen. Ob diß bei meinem Roman der Fall ist, mag die Folge zeigen.

Vieleicht hab' ich gerade das uninteressanteste Fragment gewählt. Übrigens mußten die notwendigen Voraussezungen, one die das folgende noch weniger genossen werden kann, als das ganze zweite Buch one das erste noch unvollendete, diese notwendigen Voraussezungen mußten eben auch dastehen. – Was Du so schön von der terra incognita im Reiche der Poësie sagst, trift ganz genau besonders bei einem Romane zu. Vorgänger genug, wenige, die auf neues schönes Land gerieten, u. noch eine Unermessenheit zu'r Entdekung und Bearbeitung! Das versprech' ich Dir heilig, wenn das Ganze meines Hyperions nicht dreimal besser wird, als dieses Fragment, so muß er one Gnade in's Feuer. [...]

23 FRIEDRICH HÖLDERLIN: Vorrede zum „Hyperion"
(Thalia-Fragment 1794)

„Die exzentrische Bahn des Menschen"

Es giebt zwei Ideale unseres Daseyns: einen Zustand der höchsten Einfalt, wo unsre Bedürfnisse mit sich selbst, und mit unsern
Kräften, und mit allem, womit wir in Verbindung stehen, durch
die bloße Organisation der Natur, ohne unser Zuthun, gegenseitig zusammenstimmen, und einen Zustand der höchsten Bildung,
wo dasselbe statt finden würde bey unendlich vervielfältigten
und verstärkten Bedürfnissen und Kräften, durch die Organisation, die wir uns selbst zu geben im Stande sind. Die exzentrische
Bahn, die der Mensch, im Allgemeinen und Einzelnen, von einem
Punkte (der mehr oder weniger reinen Einfalt) zum andern (der
mehr oder weniger vollendeten Bildung) durchläuft, scheint sich,
nach ihren wesentlichen Richtungen, immer gleich zu seyn.

Einige von diesen sollten, nebst ihrer Zurechtweisung, in den
Briefen, wovon die folgenden ein Bruchstük sind, dargestellt
werden.

Der Mensch möchte gerne in allem und über allem seyn, und
die Sentenz in der Grabschrift des Lojola:

non coerceri maximo, contineri tamen a minimo

kann eben so die alles begehrende, alles unterjochende gefährliche Seite des Menschen, als den höchsten und schönsten ihm er-
reichbaren Zustand bezeichnen. In welchem Sinne sie für jeden
gelten soll, muß sein freier Wille entscheiden.

24 FRIEDRICH HÖLDERLIN: Vorrede zu „Hyperion oder Der
Eremit in Griechenland" (1797–1799)

„Auflösung der Dissonanzen in einem Charakter"

Ich verspräche gerne diesem Buche die Liebe der Deutschen. Aber
ich fürchte, die einen werden es lesen, wie ein Compendium, und
um das fabula docet sich zu sehr bekümmern, indeß die andern
gar zu leicht es nehmen, und beede Theile verstehen es nicht.

Wer blos an meiner Pflanze riecht, der kennt sie nicht, und
wer sie pflükt, blos, um daran zu lernen, kennt sie auch nicht.

Die Auflösung der Dissonanzen in einem gewissen Karakter
ist weder für das bloße Nachdenken, noch für die leere Lust.

Der Schauplaz, wo sich das Folgende zutrug, ist nicht neu, und
ich gestehe, daß ich einmal kindisch genug war, in dieser Rüksicht eine Veränderung mit dem Buche zu versuchen, aber ich
überzeugte mich, daß er der einzig Angemessene für Hyperions
elegischen Karakter wäre, und schämte mich, daß mich das wahrscheinliche Urtheil des Publikums so übertrieben geschmeidig gemacht. [. . .]

25 Friedrich Bouterwek: Philosophie der Romane (1798)

[. . .] Belehren durch Darstellung! Was kann man Einfacheres
und Natürlicheres denken? Der weise Aesop dachte es, als er
seine, von ihm so genannte Fabel erfand; und wir sollten es denken, wenn wir – Romane schreiben wollen. [. . .]

So bald das letzte Augenmerk der Kunst etwas anders als
Darstellung wird, thut sie Verzicht auf ihren eigenen Charakter.
Das Lehrgedicht, das den Namen eines Gedichtes verdient, will
nicht lehren; es will nur für eine Lehre interessiren. Wirklich
lehren will die Fabel. Eine Fabel ist, wie unser Lessing bewiesen
hat, nichts anders, als eine moralische Lehre, eingekleidet in die
Form eines einzelnen Falles. Die Darstellung ist bei ihr Mittel,
nicht Zweck. Die schaffende Phantasie dient der reflectirenden
Vernunft. [. . .]

Je mehr der Mensch in sich selbst reift, desto mehr interessirt
ihn vor allen Dingen in der ganzen Schöpfung der Mensch. Von
zwei Seiten ist dieses sich selbst erkennende Geschöpf besonders
merkwürdig, als erkennendes und als moralisches Wesen. Die
Betrachtung der ersten Seite eignet sich der Philosoph ausschließlich zu. Das Studium der zweiten ist dem Dichter eben so
wichtig, als dem Philosophen. Besonders was man empirische
Psychologie, oder Erfahrungs-Seelenkunde nennt, Kenntniß des
Zusammenhangs menschlicher Empfindungen, Leidenschaften
und Phantasien, ist recht eigentlich Dichter-Studium, wenn anders der Dichter etwas mehr will, als an der Oberfläche des
menschlichen Herzens hinstreifen. Die Resultate dieses Studiums
nennen wir vorzugsweise Menschenkenntnis. Von dieser Kennt-

niß gibt die Äsopische Fabel die ersten Proben in einer anmuthigen, aber sehr einfachen Form der Darstellung. Die Alten, deren ganze Sinnesart, selbst im Mißbrauche ihrer Cultur, weit einfacher und natürlicher war, als die unsre seit einigen Jahrhunderten ist, begnügten sich mit der Fabel, als der einzigen Dichtung, die unmittelbar an die Stelle der Wahrheit trat. Ihre dichterischen Seelengemählde im Großen blieben der Poesie, besonders dem epischen Gedichte und dem Schauspiele zugeeignet, und hatten auch da eine gewisse, unserm verwöhnten Sinn nicht immer genügende Treuherzigkeit und Einfalt. Charakter-Zeichnungen in Prose übernahm der Historiker, der damahls mit dem Dichter noch näher verwandt war. Den Roman kannte man nicht.

Aber wenn wir, die wir den Roman kennen, ihn nicht geflissentlich wieder verkennen, und nicht eine Dichtung, die das schönste Eigenthum der neueren Zeit seyn sollte, in die Classe barbarischer Geburten des so genannten Mittelalters zurück werfen wollen, so müssen wir uns an die Vorbilder halten, die uns Cervantes, Richardson, Fielding, Rousseau, Wieland, Göthe, u. A. gegeben haben. Und was wäre der Roman nach diesen Vorbildern und Mustern? Nichts anders, als was der Genius der neueren Zeit ausdrücklich forderte, um den reichen Schatz unserer erweiterten Menschenkenntniß zu benutzen, und der belehrenden Muse, der der kleine Kreis der Äsopischen Fabel viel zu enge war, im Reiche der Phantasie ein weites Feld zu eröffnen – Belehrung durch Darstellung in vollständig ausgeführten Seelengemählden. Und was für eine Art von Belehrung? Nicht bloß eine ästhetische, durch das Interesse der Kunst – sondern eine eigentlich philosophische, durch den anschaulichen Beweis einer psychologischen Wahrheit. [...]

26 AUGUST WILHELM SCHLEGEL: Mode-Romane.
Lafontaine (1798)

Der Punkt, wo die Litteratur das gesellige Leben am unmittelbarsten berührt, ist der Roman. Bei ihm offenbart sich daher am auffallendsten der ungeheure Abstand zwischen den Klassen der lesenden Menge, die man durch den bloß postulierten Begriff eines Publikums in eine Einheit zusammenschmelzt: hier können die Unternehmungen des Meisters, dessen Blick, seinem Zeitalter voraus, in gränzenlose Fernen dringt, dem regsten und vielseitigsten Streben nach Bildung begegnen; so wie eben hier die stumpfe Genügsamkeit des Handwerkers, der nur denselben verworrnen Knäuel der Begebenheiten auf- und abzuwinden versteht, unaufhörlich für die Sättigung schlaffer Leerheit arbeitet. Die gesetzlose Unbestimmtheit, womit diese Gattung nach so unzähligen Versuchen immer noch behandelt wird, bestärkt in dem Glauben, als habe die Kunst gar keine Forderungen an sie zu machen, und das eigentliche Geheimniß bestehe darin, sich Alles zu erlauben; während sie doch vielmehr auf die Höhe der Aufgabe hindeutet, die wie eine irrationale Gleichung nur durch unendliche Annäherung gelöst werden kann. Wer hält sich nicht im Stande einen Roman zu schreiben? Daß nebst vielen und wichtigen Erfordernissen unter andern auch ein bedeutendes Menschenleben dazu nöthig ist, läßt man sich nicht im Traume einfallen. Wie könnten sonst die beliebten Romanenschreiber so fruchtbar, und die fruchtbaren so beliebt sein? Nur Einen Roman geschrieben zu haben, wird für gar nichts gerechnet: man muß beinahe mit jeder Messe wieder erscheinen, um nicht auf der Liste der Beliebten ausgestrichen zu werden. Ich habe sogar von Schriftstellern gehört, welche gestehn, daß sie aus allen Kräften eilen, den Vorrath von Romanen, den sie noch in sich tragen, auszuschütten, ehe die Geläufigkeit ihrer Feder und ihrer Phantasie mit den zunehmenden Jahren erstarrt. Wie verschieden von der Sprödigkeit des zurückhaltenden Genius, der wie die Löwin nur eins gebiert, aber einen Löwen! Jene dürfen sich nicht brüsten, wenn sie für den Augenblick vor diesem glänzen: ihr Ruhm wird ebenfalls erstarren, sobald sie ihn nicht mehr beständig warm halten können.

Bei so unermüdlichen Ergießungen muß man natürlich auf seltsame Hülfsmittel verfallen, um die Armut an selbständigem Geiste zu bemänteln, und wirklich ist auch bis zur rohesten Abgeschmacktheit nichts unversucht geblieben. Wer Romane fertigen kann, ohne Gespenster zu citieren und die Riesengestalten einer chimärischen Vorzeit aufzurufen, wer sich ohne Geheimnisse mit schlichten Leidenschaften behilft, der hält schon etwas auf sich und sein Publikum. Macht er sich denn auch mit Charaktern nicht viel zu schaffen, wenn ihm nur jene in einer gewissen Fülle zu Gebote stehen, so kann er gewiß sein, den mittleren Durchschnitt der Lesewelt für sich zu gewinnen, der für das grobe Abenteuerliche schon zu gesittet, für die heitern ruhigen Ansichten ächter Kunst noch nicht empfänglich, starke Bedürfnisse der Empfindsamkeit hat.

Solch ein Schriftsteller ist Lafontaine. Wundern kann man sich also nicht über das große Glück, das er gemacht hat. Die Vorliebe für Jean Paul ist schon etwas viel Ausgezeichneteres; er bewirthet nicht mit so leichten Speisen, da sich Lafontaine hingegen mit unglaublicher Schnelligkeit und in ganzen Bänden auf einmal genießen läßt, besonders wenn man schon Einiges von ihm gelesen hat, und also gewisse Lieblingsschilderungen nur wie alte Bekannte im Vorbeigehn begrüßt. Auch in dem einzelnen Werke wiederholt er die Scenen so reichlich, daß er dem geübteren Leser die Hälfte der Zeit erspart, obwohl dem Drucker nichts an der Bogenzahl. Man sollte denken, selbst die oberflächlichsten Liebhaber müßten auf die Länge diese schwach verkleideten Wiederholungen gewahr werden, und die Gewohnheit, sich selbst auszuschreiben, müßte dem Rufe des Schriftstellers Abbruch thun. Zwar sollten wir ihn wohl nicht so ernsthaft nehmen. Dem fröhlichen Manne ist es schwerlich um Vortrefflichkeit zu thun; er scheint vielmehr, so oft er auch die Ewigkeit als die große Aussicht hinstellt, gar sehr in der Zeitlichkeit befangen zu sein. Um es dabei noch recht bequem zu haben, macht man sich eine Moral, eine Tugend, eine Unschuld, eine Liebe, die ein für allemal dafür gelten müßen: ein wenig auf den Kauf gemacht, unhaltbar, aber gut in die Augen fallend.

Wenn man indessen Lafontaine auch so jovialisch ansehn will, wie er selbst sein Thun und Treiben, so ist es doch nicht gleichgültig, was für Begriffe von allen jenen Dingen er unter die Leute bringt, und es ist der Mühe werth, zu fragen, worin es liegt, daß er mit so viel gutem Willen und Glauben, sittlich zu sein, den schon so mächtigen Hang zur Erschlaffung und Passivität befördert? Es ist gewiß, wenn er sich als Schriftsteller strenger zu betrachten wüßte, so würde er auch die menschliche Natur höher zu halten verstehn. In seinen früheren Sachen schien er einen zugleich eigenthümlichen und gefälligen Gang nehmen zu wollen, ob er gleich von dem, was ein Gedicht ist, nie einen reinen Be-

griff gehabt haben muß, da er seine Scenen Gedichte nennen, ja
sie sogar als Annäherungen zur tragischen Dichtkunst betrachten
konnte. Vermuthlich hatte er schon damals kein höheres Ideal
von dieser letzten, als den ,tragischen Arnaud' (St. Julien), und
verwechselte mit Poesie die Art von Feuer, welche die Franzosen
mit dem Ausdruck verve bezeichnen, und die er in vollem Maße
besitzt. Feinere Schattierungen deuteten bei allem dem auf An-
lagen, von denen man, vorausgesetzt daß der Schreiber noch ein
Jüngling war, eine bedeutende Entwickelung hoffen durfte. Solche Zugaben, wie das Gegenstück zu den samnitischen Heiraten,
oder Kunigunde, ließ man unbeachtet hingehn, wie manche einzelne Flecken an seinen mehr ausgearbeiteten Erzählungen. Die
erste auffallende und nicht zu entschuldigende Indelikatesse be-
gieng er an Julien in Liebe und Redlichkeit auf der Probe, und
daß er den Rudolf von Werdenberg nicht von solchen Auswüchsen wie die Begebenheit mit Heloisen rein erhielt, zeigt, wie sehr
es ihm an Sinn für die Einheit und organische Bildung eines Werkes fehlte, und daß er sich im mindesten nicht um Zeichnung,
sondern nur um ein üppiges Kolorit bekümmerte. Die bloße Lei-
denschaftlichkeit, ohne irgend einen ächt geistigen oder schön
sinnlichen Zusatz, liefert ihm dieses hinlänglich. Er gesteht selbst
in der Vorrede zur zweiten Auflage der Gewalt der Liebe, daß
er nur Eine Empfindung des menschlichen Herzens beleuchte (in
welchem Sinn seine sämmtlichen Schriften die Gewalt der Liebe
heißen könnten), und von dieser nur ein Paar Seiten. Schlimm
genug, daß er von allen nur die gemeinste und schwächste aufzu-
faßen wußte! Schlimm genug, daß die ersten Keime in einen
bloßen Blätterreichthum aufgegangen sind, der ohne Stamm und
Frucht sich nie über eine gewisse Höhe erhebt!

Wenn ihn auch seine Bekanntschaft mit den Alten, die er recht
angenehm, man möchte sagen auf weibliche Art, zu benutzen
weiß, zu strengerem Ernst auffordert, wie in seinen neueren
griechischen Geschichten, so behandelt er doch Alles mit Span-
nung, Schlag auf Schlag, bunt durch einander, und spart die Aufopferungen und Tode fürs Vaterland so wenig, wie bei andern
Gelegenheiten die Küsse. Die wechselnden Farben, das tumul-
tuarische Leben, stehen mit der Würde des Gegenstandes in sol-
chem Streit, daß man wohl sieht, in wie fern er damit bekannt
war. Eben dieses Farbenspiel ist es denn doch, und seine blumen-

reiche Schreibart und strömende Rhetorik, der es nicht an den
Grazien der Nachläßigkeit fehlt, was schon so manchen jungen
Busen erschüttert hat, und manches ältere Urtheil so verwirrt,
daß Clara du Plessis der Neuen Heloise an die Seite gesetzt und,
um seiner schlechtesten Hervorbringungen willen, Lafontaine
mit vieler Anmaßung zum Künstler geadelt worden ist (A. L. Z.
98. Nr. 47.). Es muß ihm selbst ein wenig lustig vorkommen, sich
von Kunst vorschwatzen zu hören, da man eher vermuthen
sollte, daß er sich sogar bei den Werken Anderer wenig daraus
macht. Laßt ihn doch nur so gefallen, wie ein frisches Mädchen,
die weder bestimmte Züge, noch Seele in den Augen, aber ein
Paar recht blühende Wangen und artige Lippen hat. Es ist auch
schon mehr begegnet, daß die edelsten Gestalten unbemerkt stehen blieben, und ein großes Gedränge um solch ein Gesichtchen
war, das eben Jedermann zusagte, weil nichts darin zu lesen war,
als was Jedermann versteht. Seine Schriftstellerei ist recht sicht-
lich die unerzogene ‚Tochter der Natur‘, und es wäre sehr zu
wünschen, daß das Dargestellte bei ihm (unter andern der dramatische Versuch jenes Namens) eben so viel Natur an sich haben möchte. [...]

27 FRIEDRICH SCHLEGEL: Kritische Fragmente (Lyceum 1797)

„Sokratische Dialoge"

[26] Die Romane sind die sokratischen Dialoge unserer Zeit. In
diese liberale Form hat sich die Lebensweisheit vor der Schul-
weisheit geflüchtet.
[42] Die Philosophie ist die eigentliche Heimat der Ironie, welche
man logische Schönheit definieren möchte: denn überall wo in
mündlichen oder geschriebenen Gesprächen, und nur nicht ganz
systematisch philosophiert wird, soll man Ironie leisten und fordern; und sogar die Stoiker hielten die Urbanität für eine Tugend. Freilich gibts auch eine rhetorische Ironie, welche sparsam
gebraucht vortreffliche Wirkung tut, besonders im Polemischen;
doch ist sie gegen die erhabne Urbanität der sokratischen Muse,
was die Pracht der glänzendsten Kunstrede gegen eine alte Tragödie in hohem Styl. Die Poesie allein kann sich auch von dieser

Seite bis zur Höhe der Philosophie erheben, und ist nicht auf ironische Stellen begründet, wie die Rhetorik. Es gibt alte und moderne Gedichte, die durchgängig im Ganzen und überall den göttlichen Hauch der Ironie atmen. Es lebt in ihnen eine wirklich transzendentale Buffonerie. Im Innern, die Stimmung, welche alles übersieht, und sich über alles Bedingte unendlich erhebt, auch über eigne Kunst, Tugend, oder Genialität: im Äußern, in der Ausführung die mimische Manier eines gewöhnlichen guten italiänischen Buffo.

[78] Mancher der vortrefflichsten Romane ist ein Kompendium, eine Enzyclopädie des ganzen geistigen Lebens eines genialischen Individuums; Werke die das sind, selbst in ganz andrer Form, wie Nathan, bekommen dadurch einen Anstrich vom Roman. Auch enthält jeder Mensch, der gebildet ist, und sich bildet, in seinem Innern einen Roman. Daß er ihn aber äußre und schreibe, ist nicht nötig.

[89] Sollte es nicht überflüssig sein, mehr als Einen Roman zu schreiben, wenn der Künstler nicht etwa ein neuer Mensch geworden ist? – Offenbar gehören nicht selten alle Romane eines Autors zusammen, und sind gewissermaßen nur ein Roman.

[107] Die Alten sind Meister der poetischen Abstraktion: die Modernen haben mehr poetische Spekulation.

[108] Die Sokratische Ironie ist die einzige durchaus unwillkürliche, und doch durchaus besonnene Verstellung. Es ist gleich unmöglich sie zu erkünsteln, und sie zu verraten. Wer sie nicht hat, dem bleibt sie auch nach dem offensten Geständnis ein Rätsel. Sie soll niemanden täuschen, als die, welche sie für Täuschungen halten, und entweder ihre Freude haben an der herrlichen Schalkheit, alle Welt zum besten zu haben, oder böse werden, wenn sie ahnden, sie wären wohl auch mit gemeint. In ihr soll alles Scherz und alles Ernst sein, alles treuherzig offen, und alles tief verstellt. Sie entspringt aus der Vereinigung von Lebenskunstsinn und wissenschaftlichem Geist, aus dem Zusammentreffen vollendeter Naturphilosophie und vollendeter Kunstphilosophie. Sie enthält und erregt ein Gefühl von dem unauflöslichen Widerstreit des Unbedingten und des Bedingten, der Unmöglichkeit und Notwendigkeit einer vollständigen Mitteilung. Sie ist die freieste aller Lizenzen, denn durch sie setzt man sich über sich selbst weg; und doch auch die gesetzlichste, denn sie ist unbedingt not-

wendig. Es ist ein sehr gutes Zeichen, wenn die harmonisch Platten gar nicht wissen, wie sie diese stete Selbstparodie zu nehmen haben, immer wieder von neuem glauben und mißglauben, bis sie schwindlicht werden, den Scherz grade für Ernst, und den Ernst für Scherz halten. Lessings Ironie ist Instinkt; bei Hemsterhuys ist's klassisches Studium; Hülsens Ironie entspringt aus Philosophie der Philosophie, und kann die jener noch weit übertreffen.

[115] Die ganze Geschichte der modernen Poesie ist ein fortlaufender Kommentar zu dem kurzen Text der Philosophie: Alle Kunst soll Wissenschaft, und alle Wissenschaft soll Kunst werden; Poesie und Philosophie sollen vereinigt sein.

[117] Poesie kann nur durch Poesie kritisiert werden. Ein Kunsturteil, welches nicht selbst ein Kunstwerk ist, entweder im Stoff, als Darstellung des notwendigen Eindrucks in seinem Werden, oder durch eine schöne Form, und einen im Geist der alten römischen Satire liberalen Ton, hat gar kein Bürgerrecht im Reiche der Kunst.

[120] Wer Goethes Meister gehörig charakterisierte, der hätte damit wohl eigentlich gesagt, was es jetzt an der Zeit ist in der Poesie. Er dürfte sich, was poetische Kritik betrifft, immer zur Ruhe setzen.

28 FRIEDRICH SCHLEGEL: Athenäums-Fragmente (1798)

„Progressive Universalpoesie"

[90] Der Gegenstand der Historie ist das Wirklichwerden alles dessen, was praktisch notwendig ist.

[111] Die Lehren welche ein Roman geben will, müssen solche sein, die sich nur im Ganzen mitteilen, nicht einzeln beweisen, und durch Zergliederung erschöpfen lassen. Sonst wäre die rhetorische Form ungleich vorzüglicher.

[116] Die romantische Poesie ist eine progressive Universalpoesie. Ihre Bestimmung ist nicht bloß, alle getrennte Gattungen der Poesie wieder zu vereinigen, und die Poesie mit der Philosophie und Rhetorik in Berührung zu setzen. Sie will, und soll auch Poesie und Prosa, Genialität und Kritik, Kunstpoesie und

Naturpoesie bald mischen, bald verschmelzen, die Poesie lebendig und gesellig, und das Leben und die Gesellschaft poetisch machen, den Witz poetisieren, und die Formen der Kunst mit gediegnem Bildungsstoff jeder Art anfüllen und sättigen, und durch die Schwingungen des Humors beseelen. Sie umfaßt alles, was nur poetisch ist, vom größten wieder mehre Systeme in sich enthaltenden Systeme der Kunst, bis zu dem Seufzer, dem Kuß, den das dichtende Kind aushaucht in kunstlosen Gesang. Sie kann sich so in das Dargestellte verlieren, daß man glauben möchte, poetische Individuen jeder Art zu charakterisieren, sei ihr Eins und Alles; und doch gibt es noch keine Form, die so dazu gemacht wäre, den Geist des Autors vollständig auszudrücken: so daß manche Künstler, die nur auch einen Roman schreiben wollten, von ungefähr sich selbst dargestellt haben. Nur sie kann gleich dem Epos ein Spiegel der ganzen umgebenden Welt, ein Bild des Zeitalters werden. Und doch kann auch sie am meisten zwischen dem Dargestellten und dem Darstellenden, frei von allem realen und idealen Interesse auf den Flügeln der poetischen Reflexion in der Mitte schweben, diese Reflexion immer wieder potenzieren und wie in einer endlosen Reihe von Spiegeln vervielfachen. Sie ist der höchsten und der allseitigsten Bildung fähig; nicht bloß von innen heraus, sondern auch von außen hinein; indem sie jedem, was ein Ganzes in ihren Produkten sein soll, alle Teile ähnlich organisiert, wodurch ihr die Aussicht auf eine grenzenlos wachsende Klassizität eröffnet wird. Die romantische Poesie ist unter den Künsten was der Witz der Philosophie, und die Gesellschaft, Umgang, Freundschaft und Liebe im Leben ist. Andre Dichtarten sind fertig, und können nun vollständig zergliedert werden. Die romantische Dichtart ist noch im Werden; ja das ist ihr eigentliches Wesen, daß sie ewig nur werden, nie vollendet sein kann. Sie kann durch keine Theorie erschöpft werden, und nur eine divinatorische Kritik dürfte es wagen, ihr Ideal charakterisieren zu wollen. Sie allein ist unendlich, wie sie allein frei ist, und das als ihr erstes Gesetz anerkennt, daß die Willkür des Dichters kein Gesetz über sich leide. Die romantische Dichtart ist die einzige, die mehr als Art, und gleichsam die Dichtkunst selbst ist: denn in einem gewissen Sinn ist oder soll alle Poesie romantisch sein.

[146] Wie der Roman die ganze moderne Poesie, so tingiert auch

die Satire, die durch alle Umgestaltungen, bei den Römern doch
immer eine klassische Universalpoesie, eine Gesellschaftspoesie
aus und für den Mittelpunkt des gebildeten Weltalls blieb, die
ganze römische Poesie, ja die gesamte römische Literatur, und
gibt darin gleichsam den Ton an. Um Sinn zu haben für das, was
in der Prosa eines Cicero, Caesar, Suetonius das Urbanste, das
Originalste und das Schönste ist, muß man die Horazischen Sa-
tiren schon lange geliebt und verstanden haben. Das sind die
ewigen Urquellen der Urbanität.

[216] Die Französische Revolution, Fichtes Wissenschaftslehre,
und Goethes Meister sind die größten Tendenzen des Zeitalters.
Wer an dieser Zusammenstellung Anstoß nimmt, wem keine Revolution wichtig scheinen kann, die nicht laut und materiell ist,
der hat sich noch nicht auf den hohen weiten Standpunkt der Geschichte der Menschheit erhoben. Selbst in unsern dürftigen Kul-
turgeschichten, die meistens einer mit fortlaufendem Kommentar begleiteten Variantensammlung, wozu der klassische Text
verloren ging, gleichen, spielt manches kleine Buch, von dem die
lärmende Menge zu seiner Zeit nicht viel Notiz nahm, eine
größere Rolle, als alles, was diese trieb.

[247] Dantes prophetisches Gedicht ist das einzige System der
transzendentalen Poesie, immer noch das höchste seiner Art.
Shakespeares Universalität ist wie der Mittelpunkt der romantischen Kunst. Goethes rein poetische Poesie ist die vollständigste
Poesie der Poesie. Das ist der große Dreiklang der modernen
Poesie, der innerste und allerheiligste Kreis unter allen engern
und weitern Sphären der kritischen Auswahl der Klassiker der
neuern Dichtkunst.

[255] Je mehr die Poesie Wissenschaft wird, je mehr wird sie auch
Kunst. Soll die Poesie Kunst werden, soll der Künstler von seinen Mitteln und seinen Zwecken, ihren Hindernissen und ihren
Gegenständen gründliche Einsicht und Wissenschaft haben, so
muß der Dichter über seine Kunst philosophieren. Soll er nicht
bloß Erfinder und Arbeiter sondern auch Kenner in seinem Fache sein, und seine Mitbürger im Reiche der Kunst verstehn
können, so muß er auch Philolog werden.

[418] Auch nach den gewöhnlichsten Ansichten ist es Verdienst
genug, um einen Roman berühmt zu machen, wenn ein durchaus
neuer Charakter darin auf eine interessante Art dargestellt und

ausgeführt wird. Dies Verdienst hat William Lovell unleugbar, und daß alles Nebenwerk und Gerüste darin gemein oder mißglückt ist, wie der große Machinist im Hintergrunde des Ganzen, daß das Ungewöhnliche darin oft nur ein umgekehrtes Gewöhnliches ist, hätte ihm wohl nicht geschadet: aber der Charakter war unglücklicherweise poetisch. Lovell ist wie seine nur etwas zu wenig unterschiedene Variation Balder ein vollkommner Fantast in jedem guten und in jedem schlechten, in jedem schönen und in jedem häßlichen Sinne des Worts. Das ganze Buch ist ein Kampf der Prosa und der Poesie, wo die Prosa mit Füßen getreten wird und die Poesie über sich selbst den Hals bricht. Übrigens hat es den Fehler mancher ersten Produkte: es schwankt zwischen Instinkt und Absicht, weil es von beiden nicht genug hat. Daher die Wiederholungen, wodurch die Darstellung der erhabenen Langeweile zuweilen in Mitteilung übergehn kann. Hier liegt der Grund, warum die absolute Fantasie in diesem Roman auch von Eingeweihten der Poesie verkannt und als bloß sentimental verachtet werden mag, während dem vernünftigen Leser, der für sein Geld mäßig gerührt zu werden verlangt, das Sentimentale darin keineswegs zusagt und sehr furios dünkt. So tief und ausführlich hat Tieck vieleicht noch keinen Charakter wieder dargestellt. Aber der Sternbald vereinigt den Ernst und Schwung des Lovell mit der künstlerischen Religiosität des Klosterbruders und mit allem was in den poetischen Arabesken, die er aus alten Märchen gebildet, im ganzen genommen das Schönste ist: die fantastische Fülle und Leichtigkeit, der Sinn für Ironie, und besonders die absichtliche Verschiedenheit und Einheit des Kolorits. Auch hier ist alles klar und transparent, und der romantische Geist scheint angenehm über sich selbst zu fantasieren.

[421] Der große Haufen liebt Friedrich Richters Romane vielleicht nur wegen der anscheinenden Abenteuerlichkeit. Überhaupt interessiert er wohl auf die verschiedenste Art und aus ganz entgegengesetzten Ursachen. Während der gebildete Ökonom edle Tränen in Menge bei ihm weint, und der strenge Künstler ihn als das blutrote Himmelszeichen der vollendeten Unpoesie der Nation und des Zeitalters haßt, kann sich der Mensch von universeller Tendenz an den grotesken Porzellanfiguren seines wie Reichstruppen zusammengetrommelten Bilderwitzes ergötzen,

oder die Willkürlichkeit in ihm vergöttern. Ein eignes Phänomen ist es; ein Autor, der die Anfangsgründe der Kunst nicht in der Gewalt hat, nicht ein Bonmot rein ausdrücken, nicht eine Geschichte gut erzählen kann, nur so was man gewöhnlich gut erzählen nennt, und dem man doch schon um eines solchen humoristischen Dithyrambus willen, wie der Adamsbrief des trotzigen, kernigen, prallen, herrlichen Leibgeber, den Namen eines großen Dichters nicht ohne Ungerechtigkeit absprechen dürfte. Wenn seine Werke auch nicht übermäßig viel Bildung enthalten, so sind sie doch gebildet: das Ganze ist wie das Einzelne und umgekehrt; kurz, er ist fertig. Es ist ein großer Vorzug des Siebenkäs, daß die Ausführung und Darstellung darin noch am besten ist; ein weit größerer, daß so wenig Engländer darin sind. Freilich sind seine Engländer am Ende auch Deutsche, nur in idyllischen Verhältnissen und mit sentimentalen Namen: indessen haben sie immer eine starke Ähnlichkeit mit Louvets Polen und gehören mit zu den falschen Tendenzen, deren er so viele hat. Dahin gehören auch die Frauen, die Philosophie, die Jungfrau Maria, die Zierlichkeit, die idealischen Visionen und die Selbstbeurteilung. Seine Frauen haben rote Augen und sind Exempel, Gliederfrauen zu psychologischmoralischen Reflexionen über die Weiblichkeit oder über die Schwärmerei. Überhaupt läßt er sich fast nie herab, die Personen darzustellen; genug daß er sie sich denkt, und zuweilen eine treffende Bemerkung über sie sagt. So hält ers mit den passiven Humoristen, den Menschen, die eigentlich nur humoristische Sachen sind: die aktiven erscheinen auch selbständiger, aber sie haben eine zu starke Familienähnlichkeit unter sich und mit dem Autor, als daß man ihnen dies für ein Verdienst anrechnen dürfte. Sein Schmuck besteht in bleiernen Arabesken im Nürnberger Styl. Hier ist die an Armut grenzende Monotonie seiner Fantasie und seines Geistes am auffallendsten: aber hier ist auch seine anziehende Schwerfälligkeit zu Hause, und seine pikante Geschmacklosigkeit, an der nur das zu tadeln ist, daß er nicht um sie zu wissen scheint. Seine Madonna ist eine empfindsame Küstersfrau, und Christus erscheint wie ein aufgeklärter Kandidat. Je moralischer seine poetischen Rembrandts sind, desto mittelmäßiger und gemeiner; je komischer, je näher dem Bessern; je dithyrambischer und je kleinstädtischer, desto göttlicher: denn seine Ansicht des Kleinstädtischen ist vorzüglich gottesstädtisch. Seine humoristische Poesie sondert sich immer mehr von seiner sentimentalen Prosa; oft erscheint sie gleich eingestreuten Liedern als Episode, oder vernichtet als Appendix das Buch. Doch zerfließen ihm immer noch zu Zeiten gute Massen in das allgemeine Chaos.

29 FRIEDRICH SCHLEGEL: Ideen (Athenäum 1800)

[85] Der Kern, das Zentrum der Poesie ist in der Mythologie zu finden, und in den Mysterien der Alten. Sättigt das Gefühl des Lebens mit der Idee des Unendlichen, und ihr werdet die Alten verstehen und die Poesie.

30 FRIEDRICH SCHLEGEL: Literary Notebooks (1797–1801)

Der Roman ist das romantische Buch schlechthin

20. Ist die mimische Prosa nicht noch verschieden von der Idyll[ischen] und Satir[ischen]? – In der mim[ischen] Idyll[ischen] Sat[irischen] Dichtart ist das Metrum nicht wesentlich, weil diese Dichtarten selbst nicht rigoristisch sind. Die romantische Prosa ist eine Mischung dieser dreien, wie der Roman der 3 Gattungen. Überwiegt das Idyll[ische] so ists ein sentimentaler Roman, das Sat[irische] so ists ein komischer, das Progressive so ists ein philos[ophischer] Roman. Aber alle diese Extreme sind fehlerhaft weil dadurch das Wesen des Romans selbst nämlich die Mischung zerstört wird ⟨eben darum schon. Es ist also dann gar kein Roman. Dieß Übergewicht ist gegen die politische Totalität.⟩
32. Drei herrschende Dichtarten. 1) Tragödie bei den Griechen 2) Satire bei den Römern 3) Roman bei den Modernen.
55. ⟨Die Historie ein ep[ischer] Mimus. Daher das Historische des Romans. Roman Mischung aller Dichtarten, der kunstlosen Naturp[oesie] und der Mischgattung[en] der Kunstp[oesie].⟩
76. Dante's Komödie ist ein Roman.
86. Sh[akespeare's] Trauerspiele sind gemischt aus der classischen Tragödie und dem Roman. –

103. Die meisten Romane sind nur Compendien der Individualität. –

137. Der Roman tendenzirt zur Parekbase, welche fortgesezt etwas humoristisches hat. –

151. Das absolut Fantastische enthält den epischen Grundstoff zum epischen Roman. –

263. Alle Werke sind nur Studien und alle Werke sollen Romane sein. –

289. Ein vollk[ommener] Roman müßte auch weit mehr romantisches Kunstwerk sein als W[ilhelm] M[eister]; moderner und antiker, philos[ophisch]er und eth[isch]er und p[oetisch]er, pol[itischer], liberaler, univers[eller], gesellschaftlicher.

311. Ist nicht jeder Roman als angewandte P[oesie] ein rhetorisches Werk? ⟨und rh[etorische] P[oesie] nur im Rom[an] brauchbar?⟩

339. Nicht der Stoff des Romans soll historisch sein, sondern der Geist des Ganzen. –

340. Vom unvollkommnen Roman giebts grade vier Arten.

POETISCH		PROSAISCH	
Fantastisch	Sentimental	Philosophisch	Psychologisch
	Elegischer Ton	Ph[ilosophie]	Anal[yse]
	Historischer Stoff	Rh[etorik]	
	Form Idyll[isch]	Synth[ese]	o
		Urban[ität]	Intrigue

⟨Alle diese Nebenarten können nur eine Art, nur ein Analogon von Einheit oder Ganzheit haben. – Eigentlich giebt es nur Einen Roman.⟩

351. Bei einem philos[ophischen] rh[etorischen] Rom[an] muß alles aus der Hauptlehre construirt werden; construente und constructe Theile eines Gedichts. – Jeder synthetische Roman muß mystisch schließen. Einige enden polemisch. – Meister schon desfalls unvollkommen weil er nicht ganz mystisch ist. –

357. Sh[akespeare's] Werke dem Wesen nach psychologische Romane, nur daß die Charakterdarstellung synthetisch ist; daher ein so reicher Stoff für kritische Analysen. –

363. [Der] absolute R[oman] muß wie Homer ein Inbegriff der ganzen Zeitbildung sein. –

376. Philos[ophie] des Romans im Roman selbst. –

377. Der Roman darf durchaus nicht polemisch sein, dieß ist gegen das absolut S[yn]th[etische] des absoluten R[omans], dem sich jeder andre approximiren soll.

383. Die Parekbase des philos[ophischen] Romans, das Mimische und Urbane zusammen, machen das aus, was man Humor nennt. –

392. Die romantische Form ist prosaisches Epos. –

398. Jeder gute Roman muß manierirt sein, wegen der Individualität.

405. Die Scene eines guten Romans ist die Sprache worin er geschrieben wird; Lokalitäten die ganz individuell und eigentlich Parekbasen sind, taugen durchaus nichts. –

406. Für den ph[ilosophischen] R[oman] müßte man die deutsche Sprache durchaus zotisiren. –

407. ⟨Nota. Der arabeske Witz ist d[er] höchste – Ironie und Parodie nur negativ – desgleichen der eigentlich Satirische – nur in jenem nebst dem combinatorischen liegt die Indicazion auf unendliche Fülle.⟩

417. F[antastischer] R[oman], S[entimentaler] R[oman], ps[ychologischer] R[oman] und ph[ilosophischer] R[oman] die vier einzig möglichen Kunstromane. Jeder R[oman] der nicht dazu gehört ist ein NaturRoman [sic!].

421. Die Bibel ist der einzig[e] wahre und absolut universelle Volksroman; ⟨Als prosaischer Roman;⟩ sie müßte nun auch in der Form romantisirt werden. – ⟨In Romanzen.⟩

447. Viele Romane eines Autors sind oft nur einer (als System ⟨sich⟩ ergänzender Werke oder als Wiederholung eines und desselben.)

449. Der R[oman] muß sich nothwendig auf einen bestimmten Zeitpunkt beziehen; dieser Realismus ist in seinem Wesen gegründet. –

461. Die Parekbase muß im F[antastischen] R[oman] permanent sein. –

465. Es gehört schon zum Begriff eines Romans, daß er keine Nazionalität haben muß.

491. [Der] absolute R[oman] muß Darstellung des Zeitalters

sein wie [das] class[ische] Ep[os]. – Absoluter R[oman] = absolute Hist[orische] P[oesie] + absolute pol[itische] P[oesie] + absolute Ind[ividual]p[oesie] = universelle Bildungslehre, poetische Lebenskunstlehre, Darstellung des Zeitalters, Inbegriff des Künstlers.

568. Aller prosaische Witz ist k[ritisch] (aller den ich philol[ogisch] nannte und auch die philos[ophische] Ironie) oder positiv m[imisch] (combinatorischer Witz ⟨Leibn[itz]⟩ – eigentlich transcend[entaler] Witz) oder negativ m[imischer] Witz = rh[etorisch] = Polem[isch]. – Der combinatorische Witz paßt für ph[ilosophische] R[omane]. Doch ist dieser der Form nach oft nicht mehr Witz. – ⟨Aller p[oetische] Witz ist transcendental. Der politische Witz ist universell. Der pol[itische] Witz darf nur poetisirt geschrieben werden. – Der combinatorische Witz ist wahrhaft prophetisch.⟩

571. In einem vollendeten Rom[an] müßte nicht bloß das Einzelne sondern das Ganze philos[ophisch] sein. Muß der Roman auch philol[ogische] Bestandtheile haben? – Fast scheint es so, da sie ein unentbehrliches Ingrediens der guten schönen und großen Gesellschaft sind. – Wir haben ph[ilosophische] Rom[ane] (Jakobi), poetische (Goethe); nun fehlt nur noch ein romantischer Roman. –

572. Jeder progressive Mensch trägt einen nothwendigen Roman a priori in seinem Innern, welcher nichts als der vollständigste Ausdruck seines ganzen Wesens [ist]. Also eine nothwendige Organisazion, nicht eine zufällige Crystallisazion. –

573. In einem gewissen Sinne sind wohl alle Gedichte Romane, so wie alle Gedichte die historischen (classischen oder progressiven) Werth haben, in die Progression der Poesie gehören. –

575. Jeder vollkommne Rom[an] muß obscön sein; er muß auch das Absolute in der Wollust und Sinnlichkeit geben. – Im Meister ist weder Wollust noch Chr[istenthum] genug für einen Rom[an].

578. Alle Romane sind revoluzionär. – Nur ein Genie kann einen eigentlichen Roman schreiben. –

580. Die romantische Einheit ist nicht poetisch sondern mystisch; der Rom[an] ist ein mystisches Kunstwerk.

602. Alle P[oesie] soll Prosa, und alle Prosa soll P[oesie] sein.

Alle Prosa soll romantisch sein. – Alle Geisteswerke sollen romantisiren, dem Roman sich möglichst approximiren. –

820. Intrigue, Situazion, Charakter, (Effekt) – sind das etwa die romantischen Kategorien? –

822. ⟨Im S[entimentalen] R[oman] herrscht der Geist der Einsamkeit.⟩

828. In allen R[oman]arten muß alles Subj[ektive] objektivirt werden, es ist ein Irrthum, daß der Ro[man] eine subjektive Dichtart wäre. –

852. Auch die Gesch[ichte] des Romans läßt sich nie vollenden; ist also selbst nur Gegenstand eines F[antastischen] R[omans]. –

884. Die Griechische Naturp[oesie] ist das Epos, die moderne der Roman. –

904. Im R[oman] müssen auch die Charaktere, Begebenheiten, Leidenschaften, Situazionen potenzirt sein. –

954. Die älteste Form für den Prosa Rom[an] ein Syst[em] von Novellen.

971. Im R[oman] liegt eine so idyllisch kindliche Ansicht des Neuen als eine elegisch kindliche Ansicht des Alten. –

1096. D[on] Q[uixote] noch immer der einzige durchaus romantische Roman. – Die Engländer – Goethe im W[ilhelm] M[eister] – haben zuerst die Idee von einer R[oman]p[oesie] in Prosa restaurirt. –

1167. ⟨Der Roman den wir jezt so nennen eigentlich nur ein (romantischer) Essay.⟩

1337. Jeder W[it]z[ige] Einfall ein R[oman] en miniature. –

1356. Nichts ist wahrer und natürlicher wie der so oft als unnatürlich getadelte Dualismus der Charaktere. In der Behandlung der gewöhnlichen R[omane] oft eine algebraische Künstlichkeit; der Roman behandelt das feinste Leben mit der feinsten Kunst. Er ist daher eigentlich im Wesen nichts weniger als populär. Im Ausdruck – ηθος – Ton – das unendlich Kleine; alles gegenwärtig, alles bedeutsam, aber kein Charakter, sondern bloß Züge. Erfindung – unendlich groß, nie gegenwärtig, immer in der Ferne, in unendlichen Massen. Rom[an] in Form ein gebildetes künstliches Chaos. –

1366. Kr[itik] und Philos[ophie] des R[omans] sollte mit dem Roman ganz verbunden sein.

1367. Meine Notizen über den R[oman] chronologisch und zwar experimentirende Fragmente.

1544. Jeder R[oman] ist mehr oder weniger eine Relig[iöse] Schrift. –

1565. Die Vermischung und Verflechtung sehr heterogener Bestandtheile und selbst aller Mythologien ist eine nothwendige Aufgabe des Romans. Eine antiquirte Mythologie kann nur im Roman behandelt werden. – Auch die Verbindung mehrerer Mythologien ist nur im Roman möglich. Diese aber nothwendig, da alle unsre Europäischen Mythologien doch nur halb sind – und zerstückt. –

1566. Der Roman ist Poesie in Verbindung mit Wissenschaft, daher mit Kunst; daher die Prosa und die Poesie der Poesie. –

1643. Die innerste Form des R[omans] ist Math[ematik], Rh[etorik]), Mus[ik]. Das Potenziren, Progr[essive], Irrationale; ferner die rh[etorischen] Figuren. Mit der Mus[ik] versteht sichs von selbst. –

1682. Parekbase und Chor jedem Roman nothwendig (als Potenz).

1683. Der Roman ist offenbar absolutes Syst[em], ein Buch im höchsten Sinne.

1742. Wie das Dr[ama] sich ins Unendliche potenziren läßt, so geht das Romanzo auf einen Durchschnitt, ein vollkommenes Centrum; der Roman hingegen geht ganz aus einander ins Breite, Populäre. –

1743. Confessions, Arabesken und Frauen Romane schreiben, ist der ganze Gewinn vom sogenannten Roman des Zeitalters.

1771. Charakter der Romans. 1) Vermischung des Dr[amatischen], Ep[ischen], Lyr[ischen]. 2) Entgegensetzung gegen das Didaktische. 3) Rückkehr zur Mythologie und selbst zur classischen Mythologie. –

1780. Die descriptive poetry und die Romane pp. alles nur unbewußte Arabesken. –

1804. Das Wesentliche im Roman ist die chaotische Form-Arabeske, Mährchen. –

1923. Durch Mythologie wird Kunst und Wissenschaft zur P[oesie] und Ph[ilosophie]. –

1956. Alle Romane zugleich Sinngedichte und Lehrgedichte. –

[...] Obgleich es also den Anschein haben möchte, als sei das Ganze ebenso sehr eine historische Philosophie der Kunst, als ein Kunstwerk oder Gedicht, und als sei alles, was der Dichter mit solcher Liebe ausführt, als wäre es sein letzter Zweck, am Ende doch nur Mittel: so ist doch auch alles Poesie, reine, hohe Poesie. Alles ist so gedacht und so gesagt, wie von einem der zugleich ein göttlicher Dichter und ein vollendeter Künstler wäre; und selbst der feinste Zug der Nebenausbildung scheint für sich zu existieren und sich eines eignen selbständigen Daseins zu erfreuen. Sogar gegen die Gesetze einer kleinlichen unechten Wahrscheinlichkeit. Was fehlt Werners und Wilhelms Lobe des Handels und der Dichtkunst, als das Metrum, um von jedermann für erhabne Poesie anerkannt zu werden? Überall werden uns goldne Früchte in silbernen Schalen gereicht. Diese wunderbare Prosa ist Prosa und doch Poesie. Ihre Fülle ist zierlich, ihre Einfachheit bedeutend und vielsagend und ihre hohe und zarte Ausbildung ist ohne eigensinnige Strenge. Wie die Grundfäden dieses Styls im ganzen aus der gebildeten Sprache des gesellschaftlichen Lebens genommen sind, so gefällt er sich auch in seltsamen Gleichnissen, welche eine eigentümliche Merkwürdigkeit aus diesem oder jenem ökonomischen Gewerbe und was sonst von den öffentlichen Gemeinplätzen der Poesie am entlegensten scheint, dem Höchsten und Zartesten ähnlich zu bilden streben.

Man lasse sich also dadurch, daß der Dichter selbst die Personen und die Begebenheiten so leicht und so launig zu nehmen, den Helden fast nie ohne Ironie zu erwähnen, und auf sein Meisterwerk selbst von der Höhe seines Geistes herabzulächeln scheint, nicht täuschen, als sei es ihm nicht der heilige Ernst. Man darf es nur auf die höchsten Begriffe beziehn und es nicht bloß so nehmen, wie es gewöhnlich auf dem Standpunkt des gesellschaftlichen Lebens genommen wird: als einen Roman, wo Personen und Begebenheiten der letzte Endzweck sind. Denn dieses schlechthin neue und einzige Buch, welches man nur aus sich selbst verstehen lernen kann, nach einem aus Gewohnheit und Glauben, aus zufälligen Erfahrungen und willkürlichen Foderungen zusammengesetzten und entstandnen Gattungsbegriff beurteilen; das ist, als wenn ein Kind Mond und Gestirne mit der Hand greifen und in sein Schächtelchen packen will.

Ebensosehr regt sich das Gefühl gegen eine schulgerechte Kunstbeurteilung des göttlichen Gewächses. Wer möchte ein Gastmal des feinsten und ausgesuchtesten Witzes mit allen Förmlichkeiten und in aller üblichen Umständlichkeit rezensieren? Eine sogenannte Rezension des Meister würde uns immer erscheinen, wie der junge Mann, der mit dem Buche unter dem Arm in den Wald spazieren kommt, und den Philine mit dem Kuckuck vertreibt.

Vielleicht soll man es also zugleich beurteilen und nicht beurteilen; welches keine leichte Aufgabe zu sein scheint. Glücklicherweise ist es eben eins von den Büchern, welche sich selbst beurteilen, und den Kunstrichter sonach aller Mühe überheben. Ja es beurteilt sich nicht nur selbst, es stellt sich auch selbst dar. Eine bloße Darstellung des Eindrucks würde daher, wenn sie auch keins der schlechtesten Gedichte von der beschreibenden Gattung sein sollte, außer dem, daß sie überflüssig sein würde, sehr den kürzern ziehen müssen; nicht bloß gegen den Dichter, sondern sogar gegen den Gedanken des Lesers, der Sinn für das Höchste hat, der anbeten kann, und ohne Kunst und Wissenschaft gleich weiß, was er anbeten soll, den das Rechte trifft wie ein Blitz.

Die gewöhnlichen Erwartungen von Einheit und Zusammenhang täuscht dieser Roman ebenso oft als er sie erfüllt. Wer aber echten systematischen Instinkt, Sinn für das Universum, jene Vorempfindung der ganzen Welt hat, die Wilhelmen so interessant macht, fühlt gleichsam überall die Persönlichkeit und lebendige Individualität des Werks, und je tiefer er forscht, je mehr innere Beziehungen und Verwandtschaften, je mehr geistigen Zusammenhang entdeckt er in demselben. Hat irgendein Buch einen Genius, so ist es dieses. Hätte sich dieser auch im ganzen wie im einzelnen selbst charakterisieren können, so dürfte niemand weiter sagen, was eigentlich daran sei, und wie man es nehmen solle. Hier bleibt noch eine kleine Ergänzung möglich, und einige Erklärung kann nicht unnütz oder überflüssig scheinen, da trotz jenes Gefühls der Anfang und der Schluß des Werkes fast allgemein seltsam und unbefriedigend, und eins und das andre in der Mitte überflüssig und unzusammenhängend gefun-

den wird, und da selbst der, welcher das Göttliche der gebildeten Willkür zu unterscheiden und zu ehren weiß, beim ersten
und beim letzten Lesen etwas Isoliertes fühlt, als ob bei der
schönsten und innigsten Übereinstimmung und Einheit nur eben
die letzte Verknüpfung der Gedanken und der Gefühle fehlte.
Mancher, dem man den Sinn nicht absprechen kann, wird sich in
vieles lange nicht finden können: denn bei fortschreitenden Naturen erweitern, schärfen und bilden sich Begriff und Sinn gegenseitig.

Über die Organisation des Werks muß der verschiedne Charakter der einzelnen Massen viel Licht geben können. Doch darf
sich die Beobachtung und Zergliederung, um von den Teilen zum
Ganzen gesetzmäßig fortzuschreiten, eben nicht ins unendliche
Kleine verlieren. Sie muß vielmehr als wären es schlechthin einfache Teile bei jenen größern Massen stehn bleiben, deren Selbständigkeit sich auch durch ihre freie Behandlung, Gestaltung
und Verwandlung dessen, was sie von den vorhergehenden über-
kamen, bewährt, und deren innre absichtslose Gleichartigkeit
und ursprüngliche Einheit der Dichter selbst durch das absichtliche Bestreben, sie durch sehr verschiedenartige doch immer poetische Mittel zu einem in sich vollendeten Ganzen zu runden,
anerkannt hat. Durch jene Fortbildung ist der Zusammenhang,
durch diese Einfassung ist die Verschiedenheit der einzelnen
Massen gesichert und bestätigt; und so wird jeder notwendige
Teil des einen und unteilbaren Romans ein System für sich. Die
Mittel der Verknüpfung und der Fortschreitung sind ungefähr
überall dieselben. Auch im zweiten Bande locken Jarno und die
Erscheinung der Amazone, wie der Fremde und Mignon im ersten Bande, unsre Erwartung und unser Interesse in die dunkle
Ferne, und deuten auf eine noch nicht sichtbare Höhe der Bildung; auch hier öffnet sich mit jedem Buch eine neue Szene und
eine neue Welt; auch hier kommen die alten Gestalten verjüngt
wieder; auch hier enthält jedes Buch die Keime des künftigen
und verarbeitet den reinen Ertrag des vorigen mit lebendiger
Kraft in sein eigentümliches Wesen; und das dritte Buch, welches
sich durch das frischeste und fröhlichste Kolorit auszeichnet, erhält durch Mignons Dahin und durch Wilhelms und der Gräfin
ersten Kuß, eine schöne Einfassung wie von den höchsten Blüten
der noch keimenden und der schon reifen Jugendfülle. Wo so un-

endlich viel zu bemerken ist, wäre es unzweckmäßig, irgend etwas bemerken zu wollen, was schon dagewesen ist, oder mit wenigen Veränderungen immer ähnlich wiederkommt. Nur was ganz neu und eigen ist, bedarf der Erläuterungen, die aber keineswegs alles allen hell und klar machen sollen: sie dürften vielmehr eben dann vortrefflich genannt zu werden verdienen, wenn sie dem, der den Meister ganz versteht, durchaus bekannt, und dem, der ihn gar nicht versteht, so gemein und leer, wie das, was sie erläutern wollen, selbst vorkämen; dem hingegen, welcher das Werk halb versteht, auch nur halb verständlich wären, ihn über einiges aufklärten, über anders aber vielleicht noch tiefer verwirrten, damit aus der Unruhe und dem Zweifeln die Erkenntnis hervorgehe, oder damit das Subjekt wenigstens seiner Halbheit, so viel das möglich ist, inne werde. Der zweite Band insonderheit bedarf der Erläuterungen am wenigsten: er ist der reichste, aber der reizendste; er ist voll Verstand, aber doch sehr verständlich.

In dem Stufengange der Lehrjahre der Lebenskunst ist dieser Band für Wilhelmen der höhere Grad der Versuchungen, und die Zeit der Verirrungen und lehrreichen, aber kostbaren Erfahrungen. Freilich laufen seine Vorsätze und seine Handlungen vor wie nach in parallelen Linien nebeneinander her, ohne sich je zu stören oder zu berühren. Indessen hat er doch endlich das gewonnen, daß er sich aus der Gemeinheit, die auch den edelsten Naturen ursprünglich anhängt oder sie durch Zufall umgibt, mehr und mehr erhoben, oder sich doch aus ihr zu erheben ernstlich bemüht hat. Nachdem Wilhelms unendlicher Bildungstrieb zuerst bloß in seinem eignen Innern gewebt und gelebt hatte, bis zur Selbstvernichtung seiner ersten Liebe und seiner ersten Künstlerhoffnung, und sich dann weit genug in die Welt gewagt hatte, war es natürlich daß er nun vor allen Dingen in die Höhe strebte, sollte es auch nur die Höhe einer gewöhnlichen Bühne sein, daß das Edle und Vornehme sein vorzüglichstes Augenmerk ward, sollte es auch nur die Repräsentation eines nicht sehr gebildeten Adels sein. Anders konnte der Erfolg dieses seinem Ursprunge nach achtungswürdigen Streben nicht wohl ausfallen, da Wilhelm noch so unschuldig und so neu war. Daher mußte das dritte Buch eine starke Annäherung zur Komödie erhalten; um so mehr, da es darauf angelegt war, Wilhelms Unbekanntschaft mit der Welt und den Gegensatz zwischen dem Zauber des Schauspiels und der Niedrigkeit des gewöhnlichen Schauspielerlebens in das hellste Licht zu setzen. In den vorigen Massen waren nur einzelne Züge entschieden komisch, etwa ein paar Gestalten zum Vorgrunde oder eine unbestimmte Ferne. Hier ist das Ganze, die Szene und Handlung selbst komisch. Ja man möchte es eine komische Welt nennen, da des Lustigen darin in der Tat unendlich viel ist, und da die Adlichen und die Komödianten zwei abgesonderte Corps bilden, deren keines dem andern den Preis der Lächerlichkeit abtreten darf, und die auf das drolligste gegeneinander manövrieren. Die Bestandteile dieses Komischen sind keinesweges vorzüglich fein und zart oder edel. Manches ist vielmehr von der Art, worüber jeder gemeiniglich von Herzen zu lachen pflegt, wie der Kontrast zwischen den schönsten Erwartungen und einer schlechten Bewirtung. Der Kontrast zwischen der Hoffnung und dem Erfolg, der Einbildung und der Wirklichkeit spielt hier überhaupt eine große Rolle: die Rechte der Realität werden mit unbarmherziger Strenge durchgesetzt und der Pedant bekommt sogar Prügel, weil er doch auch ein Idealist ist. Aus wahrer Affenliebe begrüßt ihn sein Kollege, der Graf mit gnädigen Blicken über die ungeheure Kluft der Verschiedenheit des Standes; der Baron darf an geistiger Albernheit und die Baronesse an sittlicher Gemeinheit niemanden weichen; die Gräfin selbst ist höchstens eine reizende Veranlassung zu der schönsten Rechtfertigung des Putzes: und diese Adlichen sind den Stand abgerechnet den Schauspielern nur darin vorzuziehen, daß sie gründlicher gemein sind. Aber diese Menschen, die man lieber Figuren als Menschen nennen dürfte, sind mit leichter Hand und mit zartem Pinsel so hingedruckt, wie man sich die zierlichsten Karikaturen der edelsten Malerei denken möchte. Es ist bis zum Durchsichtigen gebildete Albernheit. Dieses Frische der Farben, dieses kindlich Bunte, diese Liebe zum Putz und Schmuck, dieser geistreiche Leichtsinn und flüchtige Mutwillen haben etwas was man Äther der Fröhlichkeit nennen möchte, und was zu zart und zu fein ist, als daß der Buchstabe seinen Eindruck nachbilden und wiedergeben könnte. Nur dem, der vorlesen kann, und sie vollkommen versteht, muß es überlassen bleiben, die Ironie, die über dem ganzen Werke schwebt, hier aber vorzüglich laut wird, denen die den Sinn dafür haben, ganz fühlbar zu machen. Dieser sich selbst belächelnde Schein von Würde und Bedeutsamkeit in dem periodischen Styl, diese scheinbaren Nachlässigkeiten und Tautologien, welche die Bedingungen so vollenden, daß sie mit dem Bedingten wieder eins werden, und wie es die Gelegenheit gibt, alles oder nichts zu sagen oder zu wollen scheinen, dieses höchst Prosaische mitten in der poetischen Stimmung des dargestellten oder komödierten Subjekts, der absichtliche Anhauch von poetischer Pedanterie bei sehr prosaischen Veranlassungen; sie beruhen oft auf einem einzigen Wort, ja auf einem Akzent.

Vielleicht ist keine Masse des Werks so frei und unabhängig vom Ganzen als eben das dritte Buch. Doch ist nicht alles darin Spiel und nur auf den augenblicklichen Genuß gerichtet. Jarno gibt Wilhelmen und dem Leser eine mächtige Glaubensbestätigung an eine würdige große Realität und ernstere Tätigkeit in der Welt und in dem Werke. Sein schlichter trockner Verstand ist das vollkommne Gegenteil von Aureliens spitzfindiger Empfindsamkeit, die ihr halb natürlich ist und halb erzwungen. Sie ist durch und durch Schauspielerin, auch von Charakter; sie kann nichts und mag nichts als darstellen und aufführen, am liebsten sich selbst, und sie trägt alles zur Schau, auch ihre Weiblichkeit und ihre Liebe. Beide haben nur Verstand: denn auch Aurelien gibt der Dichter ein großes Maß von Scharfsinn; aber es fehlt ihr so ganz an Urteil und Gefühl des Schicklichen wie Jarno'n an Einbildungskraft. Es sind sehr ausgezeichnete aber fast beschränkte durchaus nicht große Menschen; und daß das Buch selbst auf jene Beschränktheit so bestimmt hindeutet, beweist, wie wenig es so bloße Lobrede auf den Verstand sei, als es wohl anfänglich scheinen könnte. Beide sind sich so vollkommen entgegengesetzt wie die tiefe innige Mariane und die leichte allgemeine Philine; und beide treten gleich diesen stärker hervor als nötig wäre, um die dargestellte Kunstlehre mit Beispielen und die Verwicklung des Ganzen mit Personen zu versorgen. Es sind Hauptfiguren, die jede in ihrer Masse gleichsam den Ton angeben. Sie bezahlen ihre Stelle dadurch, daß sie Wilhelms Geist auch bilden wollen, und sich seine gesamte Erziehung vorzüglich angelegen sein lassen. Wenn gleich der Zögling trotz des redlichen Beistandes so vieler Erzieher in seiner persönlichen und sittlichen Ausbildung wenig mehr gewonnen zu haben scheint als die äußre Gewandtheit, die er sich durch den mannichfaltigeren Umgang und durch die Übungen im Tanzen und Fechten erworben zu haben glaubt: so macht er doch dem Anscheine nach in der Kunst große Fortschritte, und zwar mehr durch die natürliche Entfaltung seines Geistes als auf fremde Veranlassung. Er lernt nun auch eigentliche Virtuosen kennen, und die künstlerischen Gespräche unter ihnen sind außerdem, daß sie ohne den schwerfälligen Prunk der sogenannten gedrängten Kürze, unendlich viel Geist, Sinn und Gehalt haben, auch noch wahre Gespräche; vielstimmig und ineinander greifend, nicht bloß einseitige Scheingespräche. Serlo ist in gewissem Sinne ein allgemeingültiger Mensch, und selbst seine Jugendgeschichte ist wie sie sein kann und sein soll bei entschiedenem Talent und ebenso entschiedenem Mangel an Sinn für das Höchste. Darin ist er Jarno'n gleich: beide haben am Ende doch nur das Mechanische ihrer Kunst in der Gewalt. Von den ersten Wahrnehmungen und Elementen der Poesie, mit denen der erste Band Wilhelmen und den Leser beschäftigte, bis zu dem Punkt, wo der Mensch fähig wird, das Höchste und das Tiefste zu fassen, ist ein unermeßlich weiter Zwischenraum, und wenn der Übergang, der immer ein Sprung sein muß, wie billig durch ein großes Vorbild vermittelt werden sollte: durch welchen Dichter konnte dies wohl schicklicher geschehen, als durch den, welcher vorzugsweise der Unendliche genannt zu werden verdient? Grade diese Seite des Shakespeare wird von Wilhelmen zuerst aufgefaßt, und da es in dieser Kunstlehre weniger auf seine große Natur als auf seine tiefe Künstlichkeit und Absichtlichkeit ankam, so mußte die Wahl den Hamlet treffen, da wohl kein Stück zu so vielfachem und interessanten Streit, was die verborgne Absicht des Künstlers oder was zufälliger Mangel des Werks sein möchte, Veranlassung geben kann, als eben dieses, welches auch in die theatralische Verwicklung und Umgebung des Romans am schönsten eingreift, und unter andern die Frage von der Möglichkeit, ein vollendetes Meisterwerk zu verändern oder unverändert auf der Bühne zu geben, gleichsam von selbst aufwirft. Durch seine retardierende Natur kann das Stück dem Roman, der sein Wesen eben darin setzt, bis zu Verwechslungen verwandt scheinen. Auch ist der Geist der Betrachtung und der Rückkehr in sich selbst, von dem es so voll ist, so sehr eine gemeinsame Eigentümlichkeit aller sehr geistigen Poesie, daß dadurch selbst dies fürchterliche Trauerspiel, welches zwischen Verbrechen und Wahnsinn schwankend, die sichtbare Erde als einen verwilderten Garten der lüsternen Sünde, und ihr gleichsam hohles Innres wie den Wohnsitz der Strafe und der Pein darstellt und auf den härtesten Begriffen von Ehre und Pflicht ruht, wenigstens in einer Eigenschaft sich den fröhlichen Lehrjahren eines jungen Künstlers anneigen kann.

Die in diesem und dem ersten Buche des nächsten Bandes zerstreute Ansicht des Hamlet ist nicht sowohl Kritik als hohe Poesie. Und was kann wohl anders entstehn als ein Gedicht, wenn ein Dichter als solcher ein Werk der Dichtkunst anschaut und darstellt? Dies liegt nicht darin, daß sie über die Grenzen des sichtbaren Werkes mit Vermutungen und Behauptungen hinausgeht. Das muß alle Kritik, weil jedes vortreffliche Werk, von welcher Art es auch sei, mehr weiß als es sagt, und mehr will als es weiß. Es liegt in der gänzlichen Verschiedenheit des Zweckes und des Verfahrens. Jene poetische Kritik will gar nicht wie eine bloße Inschrift nur sagen, was die Sache eigentlich sei, wo sie in der Welt stehe und stehn solle: dazu bedarf es nur eines vollständigen ungeteilten Menschen, der das Werk so lange als nötig ist, zum Mittelpunkt seiner Tätigkeit mache; wenn ein solcher mündliche oder schriftliche Mitteilung liebt, kann es ihm Vergnügen gewähren, eine Wahrnehmung, die im Grunde nur eine und unteilbar ist, weitläufig zu entwickeln, und so entsteht eine eigentliche Charakteristik. Der Dichter und Künstler hingegen wird die Darstellung von neuem darstellen, das schon Gebildete noch einmal bilden wollen; er wird das Werk ergänzen, verjüngern, neu gestalten. Er wird das Ganze nur in Glieder und Massen und Stücke teilen, nie in seine ursprünglichen Bestandteile zerlegen, die in Beziehung auf das Werk tot sind, weil sie nicht mehr Einheiten derselben Art wie das Ganze enthalten, in Beziehung auf das Weltall aber allerdings lebendig und Glieder oder Massen desselben sein könnten. Auf solche bezieht der gewöhnliche Kritiker den Gegenstand seiner Kunst, und muß daher seine lebendige Einheit unvermeidlich zerstören, ihn bald in seine Elemente zersetzen, bald selbst nur als ein Atom einer größern Masse betrachten. [...]

Überhaupt gleichen die Charaktere in diesem Roman zwar

durch die Art der Darstellung dem Porträt, ihrem Wesen nach aber sind sie mehr oder minder allgemein und allegorisch. Eben daher sind sie ein unerschöpflicher Stoff und die vortrefflichste Beispielsammlung für sittliche und gesellschaftliche Untersuchungen. Für diesen Zweck müßten Gespräche über die Charaktere im Meister sehr interessant sein können, obgleich sie zum Verständnis des Werks selbst nur etwa episodisch mitwirken könnten: aber Gespräche müßten es sein, um schon durch die Form alle Einseitigkeit zu verbannen. Denn wenn ein einzelner nur aus dem Standpunkte seiner Eigentümlichkeit über jede dieser Personen räsonnierte und ein moralisches Gutachten fällte, das wäre wohl die unfruchtbarste unter allen möglichen Arten, den Wilhelm Meister anzusehn; und man würde am Ende nicht mehr daraus lernen, als daß der Redner über diese Gegenstände so, wie es nun lautete, gesinnt sei.

Mit dem vierten Bande scheint das Werk gleichsam mannbar und mündig geworden. Wir sehen nun klar, daß es nicht bloß, was wir Theater oder Poesie nennen, sondern das große Schauspiel der Menschheit selbst und die Kunst aller Künste, die Kunst zu leben, umfassen soll. Wir sehen auch, daß diese Lehrjahre eher jeden andern zum tüchtigen Künstler oder zum tüchtigen Mann bilden wollen und bilden können, als Wilhelmen selbst. Nicht dieser oder jener Mensch sollte erzogen, sondern die Natur, die Bildung selbst sollte in mannichfachen Beispielen dargestellt, und in einfache Grundsätze zusammengedrängt werden. Wie wir uns in den Bekenntnissen plötzlich aus der Poesie in das Gebiet der Moral versetzt wähnten, so stehn hier die gediegnen Resultate einer Philosophie vor uns, die sich auf den höhern Sinn und Geist gründet, und gleich sehr nach strenger Absonderung und nach erhabner Allgemeinheit aller menschlichen Kräfte und Künste strebt. Für Wilhelmen wird wohl endlich auch gesorgt: aber sie haben ihn fast mehr als billig oder höflich ist, zum besten; selbst der kleine Felix hilft ihn erziehen und beschämen, indem er ihm seine vielfache Unwissenheit fühlbar macht. Nach einigen leichten Krämpfen von Angst, Trotz und Reue verschwindet seine Selbständigkeit aus der Gesellschaft der Lebendigen. Er resigniert förmlich darauf, einen eignen Willen zu haben; und nun sind seine Lehrjahre wirklich vollendet, und Nathalie wird Supplement des Romans. Als die schönste Form der reinsten

Weiblichkeit und Güte macht sie einen angenehmen Kontrast mit der etwas materiellen Therese. Nathalie verbreitet ihre wohltätigen Wirkungen durch ihr bloßes Dasein in der Gesellschaft: Therese bildet eine ähnliche Welt um sich her, wie der Oheim. Es sind Beispiele und Veranlassungen zu der Theorie der Weiblichkeit, die in jener großen Lebenskunstlehre nicht fehlen durfte. Sittliche Geselligkeit und häusliche Tätigkeit, beide in romantisch schöner Gestalt sind die beiden Urbilder, oder die beiden Hälften eines Urbildes, welche hier für diesen Teil der Menschheit aufgestellt werden.

Wie mögen sich die Leser dieses Romans beim Schluß desselben getäuscht fühlen, da aus allen diesen Erziehungsanstalten nichts herauskommt, als bescheidne Liebenswürdigkeit, da hinter allen diesen wunderbaren Zufällen, weissagenden Winken und geheimnisvollen Erscheinungen nichts steckt als die erhabenste Poesie, und da die letzten Fäden des Ganzen nur durch die Willkür eines bis zur Vollendung gebildeten Geistes gelenkt werden! [...]

32 FRIEDRICH SCHLEGEL: Gespräch über Poesie:
Rede über Mythologie; Brief über den Roman (1800)

Rede über Mythologie

[...] Ich gehe gleich zum Ziel. Es fehlt, behaupte ich, unsrer Poesie an einem Mittelpunkt, wie es die Mythologie für die der Alten war, und alles Wesentliche, worin die moderne Dichtkunst der antiken nachsteht, läßt sich in die Worte zusammenfassen: Wir haben keine Mythologie. Aber setze ich hinzu, wir sind nahe daran eine zu erhalten, oder vielmehr es wird Zeit, daß wir ernsthaft dazu mitwirken sollen, eine hervorzubringen.

Denn auf dem ganz entgegengesetzten Wege wird sie uns kommen, wie die alte ehemalige, überall die erste Blüte der jugendlichen Fantasie, sich unmittelbar anschließend und anbildend an das Nächste, Lebendigste der sinnlichen Welt. Die neue Mythologie muß im Gegenteil aus der tiefsten Tiefe des Geistes herausgebildet werden; es muß das künstlichste aller Kunstwerke sein, denn es soll alle andern umfassen, ein neues Bette und Gefäß für den alten ewigen Urquell der Poesie und selbst das unendliche Gedicht, welches die Keime aller andern Gedichte verhüllt.

Ihr mögt wohl lächeln über dieses mystische Gedicht und über die Unordnung, die etwa aus dem Gedränge und der Fülle von Dichtungen entstehn dürfte. Aber die höchste Schönheit, ja die höchste Ordnung ist denn doch nur die des Chaos, nämlich eines solchen, welches nur auf die Berührung der Liebe wartet, um sich zu einer harmonischen Welt zu entfalten, eines solchen wie es auch die alte Mythologie und Poesie war. Denn Mythologie und Poesie, beide sind eins und unzertrennlich. Alle Gedichte des Alterums schließen sich eines an das andre, bis sich aus immer größern Massen und Gliedern das Ganze bildet; alles greift in einander, und überall ist ein und derselbe Geist nur anders ausgedrückt. Und so ist es wahrlich kein leeres Bild, zu sagen: die alte Poesie sei ein einziges, unteilbares, vollendetes Gedicht. Warum sollte nicht wieder von neuem werden, was schon gewesen ist? [...]

Kann eine neue Mythologie sich nur aus der innersten Tiefe des Geistes wie durch sich selbst herausarbeiten, so finden wir einen sehr bedeutenden Wink und eine merkwürdige Bestätigung für das was wir suchen in dem großen Phänomen des Zeitalters, im Idealismus! Dieser ist auf eben die Weise gleichsam wie aus Nichts entstanden, und es ist nun auch in der Geisterwelt ein fester Punkt konstituiert, von wo aus die Kraft des Menschen sich nach allen Seiten mit steigender Entwicklung ausbreiten kann, sicher sich selbst und die Rückkehr nie zu verlieren. Alle Wissenschaften und alle Künste wird die große Revolution ergreifen. Schon seht Ihr sie in der Physik wirken, in welcher der Idealismus eigentlich schon früher für sich ausbrach, ehe sie noch vom Zauberstabe der Philosophie berührt war. Und dieses wunderbare große Faktum kann Euch zugleich ein Wink sein über den geheimen Zusammenhang und die innre Einheit des Zeitalters. Der Idealismus, in praktischer Ansicht nichts anders als der Geist jener Revolution, die großen Maximen derselben, die wir aus eigner Kraft und Freiheit ausüben und ausbreiten sollen, ist in theoretischer Ansicht, so groß er sich auch hier zeigt, doch nur ein Teil, ein Zweig, eine Äußerungsart von dem Phänomene aller Phänomene, daß die Menschheit aus allen Kräften ringt, ihr Zentrum zu finden. Sie muß wie die Sachen stehn, untergehn oder sich verjüngen. Was ist wahrscheinlicher, und was läßt sich nicht von einem solchen Zeitalter der Verjüngung hoffen? – Das graue Altertum wird wieder lebendig werden, und die fernste Zukunft der Bildung sich schon in Vorbedeutungen melden. Doch das ist nicht das, worauf es mir zunächst hier ankommt: denn ich möchte gern nichts überspringen und Euch Schritt vor Schritt bis zur Gewißheit der allerheiligsten Mysterien führen. Wie es das Wesen des Geistes ist, sich selbst zu bestimmen und im ewigen Wechsel aus sich heraus zu gehn und in sich zurückzukehren; wie jeder Gedanke nichts anders ist, als das Resultat einer solchen Tätigkeit: so ist derselbe Prozeß auch im ganzen und großen jeder Form des Idealismus sichtbar, der ja selbst nur die Anerkennung jenes Selbstgesetzes ist, und das neue durch die Anerkennung verdoppelte Leben, welches die geheime Kraft desselben durch die unbeschränkte Fülle neuer Erfindung, durch die allgemeine Mitteilbarkeit und durch die lebendige Wirksamkeit aufs herrlichste offenbart. Natürlich nimmt das Phänomen in jedem Individuum eine andre Gestalt an, wo denn oft der Erfolg hinter unserer Erwartung zurückbleiben muß. Aber was notwendige Gesetze für den Gang des Ganzen erwarten lassen, darin kann unsre Erwartung nicht getäuscht werden. Der Idealismus in jeder Form muß auf ein oder die andre Art aus sich herausgehn, um in sich zurückkehren zu können, und zu bleiben was er ist. Deswegen muß und wird sich aus seinem Schoß ein neuer ebenso grenzenloser Realismus erheben; und der Idealismus also nicht bloß in seiner Entstehungsart ein Beispiel für die neue Mythologie, sondern selbst auf indirekte Art Quelle derselben werden. Die Spuren einer ähnlichen Tendenz könnt ihr schon jetzt fast überall wahrnehmen; besonders in der Physik, der es an nichts mehr zu fehlen scheint, als an einer mythologischen Ansicht der Natur.

Auch ich trage schon lange das Ideal eines solchen Realismus in mir, und wenn es bisher nicht zur Mitteilung gekommen ist, so war es nur, weil ich das Organ dazu noch suche. Doch weiß ich, daß ichs nur in der Poesie finden kann, denn in Gestalt der Philosophie oder gar eines Systems wird der Realismus nie wieder auftreten können. Und selbst nach einer allgemeinen Tradition ist es zu erwarten, daß dieser neue Realismus, weil er doch idealischen Ursprungs sein, und gleichsam auf idealischem Grund

und Boden schweben muß, als Poesie erscheinen wird, die ja auf der Harmonie des Ideellen und Reellen beruhen soll. [...]

Und was ist jede schöne Mythologie anders als ein hieroglyphischer Ausdruck der umgebenden Natur in dieser Verklärung von Fantasie und Liebe?

Einen großen Vorzug hat die Mythologie. Was sonst das Bewußtsein ewig flieht, ist hier dennoch sinnlich geistig zu schauen, und festgehalten, wie die Seele in dem umgebenden Leibe, durch den sie in unser Auge schimmert, zu unserm Ohre spricht.

Das ist der eigentliche Punkt, daß wir uns wegen des Höchsten nicht so ganz allein auf unser Gemüt verlassen. Freilich, wem es da trocken ist, dem wird es nirgends quillen; und das ist eine bekannte Wahrheit, gegen die ich am wenigsten gesonnen bin mich aufzulehnen. Aber wir sollen uns überall an das Gebildete anschließen und auch das Höchste durch die Berührung des Gleichartigen, Ähnlichen, oder bei gleicher Würde Feindlichen entwickeln, entzünden, nähren, mit einem Worte bilden. Ist das Höchste aber wirklich keiner absichtlichen Bildung fähig; so laßt uns nur gleich jeden Anspruch auf irgendeine freie Ideenkunst aufgeben, die alsdann ein leerer Name sein würde.

Die Mythologie ist ein solches Kunstwerk der Natur. In ihrem Gewebe ist das Höchste wirklich gebildet; alles ist Beziehung und Verwandlung, angebildet und umgebildet, und dieses Anbilden und Umbilden eben ihr eigentümliches Verfahren, ihr innres Leben, ihre Methode, wenn ich so sagen darf.

Da finde ich nun eine große Ähnlichkeit mit jenem großen Witz der romantischen Poesie, der nicht in einzelnen Einfällen, sondern in der Konstruktion des Ganzen sich zeigt, und den unser Freund uns schon so oft an den Werken des Cervantes und des Shakespeare entwickelt hat. Ja diese künstlich geordnete Verwirrung, diese reizende Symmetrie von Widersprüchen, dieser wunderbare ewige Wechsel von Enthusiasmus und Ironie, der selbst in den kleinsten Gliedern des Ganzen lebt, scheinen mir schon selbst eine indirekte Mythologie zu sein. Die Organisation ist dieselbe und gewiß ist die Arabeske die älteste und ursprüngliche Form der menschlichen Fantasie. Weder dieser Witz noch eine Mythologie können bestehn ohne ein erstes Ursprüngliches und Unnachahmliches, was schlechthin unauflöslich ist, was nach allen Umbildungen noch die alte Natur und Kraft durchschimmern läßt, wo der naive Tiefsinn den Schein des Verkehrten und Verrückten, oder des Einfältigen und Dummen durchschimmern läßt. Denn das ist der Anfang aller Poesie, den Gang und die Gesetze der vernünftig denkenden Vernunft aufzuheben und uns wieder in die schöne Verwirrung der Fantasie, in das ursprüngliche Chaos der menschlichen Natur zu versetzen, für das ich kein schöneres Symbol bis jetzt kenne, als das bunte Gewimmel der alten Götter. [. . .]

Brief über den Roman

[. . .] Ich denke mir die Sache so. Die Poesie ist so tief in dem Menschen gewurzelt, daß sie auch unter den ungünstigsten Umständen immer noch zu Zeiten wild wächst. Wie wir nun fast bei jedem Volk Lieder, Geschichten im Umlauf, irgendeine Art wenngleich rohe Schauspiele im Gebrauch finden: so haben selbst in unserm unfantastischen Zeitalter, in den eigentlichen Ständen der Prosa, ich meine die sogenannten Gelehrten und gebildeten Leute, einige einzelne eine seltne Originalität der Fantasie in sich gespürt und geäußert, obgleich sie darum von der eigentlichen Kunst noch sehr entfernt waren. Der Humor eines Swift, eines Sterne, meine ich, sei die Naturpoesie der höhern Stände unsers Zeitalters.

Ich bin weit entfernt, sie neben jene Großen zu stellen; aber Sie werden mir zugeben, daß wer für diese, für den Diderot Sinn hat, schon besser auf dem Wege ist, den göttlichen Witz, die Fantasie eines Ariost, Cervantes, Shakespeare verstehn zu lernen, als ein andrer, der auch noch nicht einmal bis dahin sich erhoben hat. Wir dürfen nun einmal die Foderungen in diesem Stück an die Menschen der jetzigen Zeit nicht zu hoch spannen, und was in so kränklichen Verhältnissen aufgewachsen ist, kann selbst natürlicherweise nicht anders als kränklich sein. Dies halte ich aber, so lange die Arabeske kein Kunstwerk sondern nur ein Naturprodukt ist, eher für einen Vorzug, und stelle Richtern also auch darum über Sterne, weil seine Fantasie weit kränklicher, also weit wunderlicher und fantastischer ist. Lesen Sie nur überhaupt den Sterne einmal wieder. Es ist lange her, daß Sie ihn nicht gelesen haben, und ich denke er wird Ihnen etwas anders vorkommen wie damals. Vergleichen Sie dann immer unsern Deutschen mit ihm. Er hat wirklich mehr Witz, wenigstens für den, der ihn witzig nimmt: denn er selbst könnte sich darin leicht Unrecht tun. Und durch diesen Vorzug erhebt sich selbst seine Sentimentalität in der Erscheinung über die Sphäre der engländischen Empfindsamkeit. [...]

Sie tadelten Jean Paul auch, mit einer fast wegwerfenden Art, daß er sentimental sei.

Wollten die Götter, er wäre es in dem Sinne wie ich das Wort nehme, und es seinem Ursprunge und seiner Natur nach glaube nehmen zu müssen. Denn nach meiner Ansicht und nach meinem Sprachgebrauch ist eben das romantisch, was uns einen sentimentalen Stoff in einer fantastischen Form darstellt.

Vergessen Sie auf einen Augenblick die gewöhnliche übel berüchtigte Bedeutung des Sentimentalen, wo man fast alles unter dieser Benennung versteht, was auf eine platte Weise rührend und tränenreich ist, und voll von jenen familiären Edelmutsgefühlen, in deren Bewußtsein Menschen ohne Charakter sich so unaussprechlich glücklich und groß fühlen. [...]

Was ist denn nun dieses Sentimentale? Das was uns anspricht, wo das Gefühl herrscht, und zwar nicht ein sinnliches, sondern das geistige. Die Quelle und Seele aller dieser Regungen ist die Liebe, und der Geist der Liebe muß in der romantischen Poesie überall unsichtbar sichtbar schweben; das soll jene Definition sagen. Die galanten Passionen, denen man in den Dichtungen der Modernen, wie Diderot im Fatalisten so lustig klagt, von dem Epigramm bis zur Tragödie nirgends entgehn kann, sind dabei grade das wenigste, oder vielmehr sie sind nicht einmal der äußre Buchstabe jenes Geistes, nach Gelegenheit auch wohl gar nichts oder etwas sehr Unliebliches und Liebloses. Nein, es ist der heilige Hauch, der uns in den Tönen der Musik berührt. Er läßt sich nicht gewaltsam fassen und mechanisch greifen, aber er läßt sich freundlich locken von sterblicher Schönheit und in sie verhüllen; und auch die Zauberworte der Poesie können von seiner Kraft durchdrungen und beseelt werden. Aber in dem Gedicht, wo er nicht überall ist, oder überall sein könnte, ist er gewiß gar nicht. Er ist ein unendliches Wesen und mitnichten haftet und klebt sein Interesse nur an den Personen, den Begebenheiten und Situationen und den individuellen Neigungen: für den wahren Dichter ist alles dieses, so innig es auch seine Seele umschließen mag, nur Hindeutung auf das Höhere, Unendliche, Hieroglyphe der Einen ewigen Liebe und der heiligen Lebensfülle der bildenden Natur.

Nur die Fantasie kann das Rätsel dieser Liebe fassen und als Rätsel darstellen; und dieses Rätselhafte ist die Quelle von dem Fantastischen in der Form aller poetischen Darstellung. Die Fantasie strebt aus allen Kräften sich zu äußern, aber das Göttliche kann sich in der Sphäre der Natur nur indirekt mitteilen und äußern. Daher bleibt von dem, was ursprünglich Fantasie war, in der Welt der Erscheinungen nur das zurück was wir Witz nennen.

Noch eines liegt in der Bedeutung des Sentimentalen, was grade das Eigentümliche der Tendenz der romantischen Poesie im Gegensatz der antiken betrifft. Es ist darin gar keine Rücksicht genommen auf den Unterschied von Schein und Wahrheit, von Spiel und Ernst. Darin liegt der große Unterschied. Die alte Poesie schließt sich durchgängig an die Mythologie an, und vermeidet sogar den eigentlich historischen Stoff. Die alte Tragödie sogar ist ein Spiel, und der Dichter, der eine wahre Begebenheit, die das ganze Volk ernstlich anging, darstellte, ward bestraft. Die romantische Poesie hingegen ruht ganz auf historischem Grunde, weit mehr als man es weiß und glaubt. Das erste beste Schauspiel, das Sie sehn, irgend eine Erzählung die Sie lesen; wenn eine geistreiche Intrige darin ist, können Sie fast mit Gewißheit darauf rechnen, daß wahre Geschichte zum Grunde liegt, wenngleich vielfach umgebildet. Boccaz ist fast durchaus wahre Geschichte, ebenso andre Quellen, aus denen alle romantische Erfindung hergeleitet ist. [...]

Sie verlangten gestern, da der Streit eben am lebhaftesten wurde, eine Definition, was ein Roman sei; mit einer Art, als wüßten Sie schon, Sie würden keine befriedigende Antwort bekommen. Ich halte dieses Problem eben nicht für unauflöslich. Ein Roman ist ein romantisches Buch. – Sie werden das für eine nichtssagende Tautologie ausgeben. Aber ich will Sie zuerst nur darauf aufmerksam machen, daß man sich bei einem Buche schon ein Werk, ein für sich bestehendes Ganze denkt. Alsdann liegt ein sehr wichtiger Gegensatz gegen das Schauspiel darin, welches bestimmt ist angeschaut zu werden: der Roman hingegen war es von den ältesten Zeiten für die Lektüre, und daraus lassen sich fast alle Verschiedenheiten in der Manier der Darstellung beider Formen herleiten. Das Schauspiel soll auch romantisch sein, wie alle Dichtkunst; aber ein Roman ists nur unter gewissen Einschränkungen, ein angewandter Roman. Der dramatische Zusammenhang der Geschichte macht den Roman im Gegenteil noch keineswegs zum Ganzen, zum Werk, wenn er es nicht durch Beziehung der ganzen Komposition auf eine höhere Einheit, als jene Einheit des Buchstabens, über die er sich oft wegsetzt und wegsetzen darf, durch das Band der Ideen, durch einen geistigen Zentralpunkt wird.

Dies abgerechnet, findet sonst so wenig ein Gegensatz zwischen dem Drama und dem Roman statt, daß vielmehr das Drama so gründlich und historisch wie es Shakespeare z. B. nimmt und behandelt, die wahre Grundlage des Romans ist. Sie behaupteten zwar, der Roman habe am meisten Verwandtschaft mit der erzählenden ja mit der epischen Gattung. Dagegen erinnre ich nun erstlich, daß ein Lied ebenso gut romantisch sein kann als eine Geschichte. Ja ich kann mir einen Roman kaum anders denken, als gemischt aus Erzählung, Gesang und andern Formen. Anders hat Cervantes nie gedichtet, und selbst der sonst so prosaische Boccaccio schmückt seine Sammlung mit einer Einfassung von Liedern. Gibt es einen Roman, in dem dies nicht stattfindet und nicht stattfinden kann, so liegt es nur in der Individualität des Werks, nicht im Charakter der Gattung; sondern es ist schon eine Ausnahme von diesem. Doch das ist nur vorläufig. Mein eigentlicher Einwurf ist folgender. Es ist dem epischen Stil nichts entgegengesetzter als wenn die Einflüsse der eignen Stimmung im geringsten sichtbar werden; geschweige denn, daß er sich seinem Humor so überlassen, so mit ihm spielen dürfte, wie es in den vortrefflichsten Romanen geschieht. [...]

Wenn solche Beispiele ans Licht träten, dann würde ich Mut bekommen zu einer Theorie des Romans, die im ursprünglichen Sinne des Wortes eine Theorie wäre: eine geistige Anschauung des Gegenstandes mit ruhigem, heitern ganzen Gemüt, wie es sich ziemt, das bedeutende Spiel göttlicher Bilder in festlicher Freude zu schauen. Eine solche Theorie des Romans würde selbst ein Roman sein müssen, der jeden ewigen Ton der Fantasie fantastisch wiedergäbe, und das Chaos der Ritterwelt noch einmal verwirrte. Da würden die alten Wesen in neuen Gestalten leben;

da würde der heilige Schatten des Dante sich aus seiner Unter-
welt erheben, Laura himmlisch vor uns wandeln, und Shakespeare mit Cervantes trauliche Gespräche wechseln; – und da
würde Sancho von neuem mit dem Don Quixote scherzen.

Das wären wahre Arabesken und diese nebst Bekenntnissen,
seien, behauptete ich im Eingang meines Briefs, die einzigen romantischen Naturprodukte unsers Zeitalters. [. . .]

33 NOVALIS: Blütenstaub-Fragmente (1798)

Materialien des unendlichen Romans

16. Die Fantasie setzt die künftige Welt entweder in die Höhe, oder in die Tiefe, oder in der Metempsychose zu uns. Wir
träumen von Reisen durch das Weltall: ist denn das Weltall
nicht in uns? Die Tiefen unsers Geistes kennen wir nicht. – Nach
Innen geht der geheimnißvolle Weg. In uns, oder nirgends ist
die Ewigkeit mit ihren Welten, die Vergangenheit und Zukunft. Die Außenwelt ist die Schattenwelt, sie wirft ihren Schatten in das Lichtreich. Jetzt scheint es uns freylich innerlich so
dunkel, einsam, gestaltlos, aber wie ganz anders wird es uns dün-
ken, wenn diese Verfinsterung vorbey, und der Schattenkörper
hinweggerückt ist. Wir werden mehr genießen als je, denn unser
Geist hat entbehrt.

66. Alle Zufälle unsers Lebens sind Materialien, aus denen wir
machen können, was wir wollen. Wer viel Geist hat, macht viel
aus seinem Leben. Jede Bekanntschaft, jeder Vorfall, wäre für
den durchaus Geistigen erstes Glied einer unendlichen Reihe,
Anfang eines unendlichen Romans.

34 NOVALIS: Vorarbeiten zu verschiedenen Fragmentsammlungen (1798)

Der Roman romantisiert die Welt

51. ⟨Es wäre eine artige Frage, ob denn das lyrische Gedicht
eigentlich Gedicht, PlusPoësie, oder Prosa, Minuspoësie wäre?
Wie man den Roman für Prosa gehalten hat, so hat man das

lyrische Gedicht für Poësie gehalten – beydes mit Unrecht. Die höchste, eigentlichste Prosa ist das lyrische Gedicht.

Die sogenannte Prosa ist aus Beschränckung der absoluten Extreme entstanden – Sie ist nur ad interim da und spielt eine subalterne, temporelle Rolle. Es kommt eine Zeit, wo sie nicht mehr ist. Dann ist aus der Beschränkung eine Durchdringung geworden. Ein wahrhaftes Leben ist entstanden, und Prosa und Poësie sind dadurch auf das innigste vereinigt, und in Wechsel gesezt.⟩

105. Die Welt muß romantisirt werden. So findet man den urspr[ünglichen] Sinn wieder. Romantisiren ist nichts, als eine qualit[ative] Potenzirung. Das niedre Selbst wird mit einem bessern Selbst in dieser Operation identificirt. So wie wir selbst eine solche qualit[ative] Potenzenreihe sind. Diese Operation ist noch ganz unbekannt. Indem ich dem Gemeinen einen hohen Sinn, dem Gewöhnlichen ein geheimnißvolles Ansehn, dem Bekannten die Würde des Unbekannten, dem Endlichen einen unendlichen Schein gebe so romantisire ich es – Umgekehrt ist die Operation für das Höhere, Unbekannte, Mystische, Unendliche – dies wird durch diese Verknüpfung logarythmisirt – Es bekommt einen geläufigen Ausdruck. romantische Philosophie. Lingua romana. Wechselerhöhung und Erniedrigung.

158. Schöne poetische Hogarthismen, z. B. die Liebe. Hogarths Blätter sind Romane. Hogarths Wercke sind gezeichneter Witz, wahrhaft römische Satyren für das Auge. So wie eine ächte musicalische Fantasie Satyre für das Ohr seyn sollte. Hogarth ist der erste Satyrendichter, Shakespeare seiner Gattung.

188. Wer das Leben anders als eine sich selbst vernichtende Illusion ansieht, ist noch selbst im Leben befangen.

Das Leben soll kein uns gegebener, sondern ein von uns gemachter Roman seyn.

212. Der Roman handelt von Leben – stellt Leben dar. Ein Mimus wär er nur in Beziehung auf den Dichter. Oft enthält er Begebenheiten einer Maskerade – eine masquirte Begebenheit unter masquirten Personen. Man hebe die Masken – es sind bekannte Begebenheiten – bekannte Personen. Der Roman, als solcher, enthält kein bestimmtes Resultat – er ist nicht Bild und Factum eines Satzes. Er ist anschauliche Ausführung – Realisirung einer Idee. Aber eine Idee läßt sich nicht, in einen Satz fas-

sen. Eine Idee ist eine unendliche Reihe von Sätzen – eine irrationale Größe – unsetzbar (musik[alisch]) – incommensurabel.
(Sollte nicht alle Irrationalität relativ seyn?)

Das Gesetz ihrer Fortschreitung läßt sich aber aufstellen – und
nach diesem ist ein Roman zu kritisiren.

445. Göthe ist ganz practischer Dichter. Er ist in seinen Werk-
ken – was der Engländer in seinen Waaren ist – höchst einfach,
nett, bequem und dauerhaft. Er hat in der deutschen Litteratur
das gethan, was Wedgwood in der englischen Kunstwelt gethan
hat – Er hat, wie die Engländer, einen natürlich öconomischen
und einen durch Verstand erworbenen edeln Geschmack. Beydes
verträgt sich sehr gut und hat eine nahe Verwandtschaft, in che-
mischen Sinn. In seinen physicalischen Studien wird es recht
klar, daß es seine Neigung ist eher etwas Unbedeutendes ganz
fertig zu machen – ihm die höchste Politur und Bequemlichkeit
zu geben, als eine Welt anzufangen und etwas zu thun, wovon
man vorauswissen kann, daß man es nicht vollkommen ausführen wird, daß es gewiß ungeschickt bleibt, und daß man es nie
darinn zu einer meisterhaften Fertigkeit bringt. Auch in diesem
Felde wählt er einen romantischen oder sonst artig verschlungnen
Gegenstand. Seine Betrachtungen des Lichts, der Verwandlung
der Pflanzen und der Insecten sind Bestätigungen und zugleich
die überzeugendsten Beweise, daß auch der vollkommne Lehr-
vortrag in das Gebiet des Künstlers gehört. Auch dürfte man im
gewissen Sinn mit Recht behaupten, daß Göthe der erste Physiker seiner Zeit sey – und in der That Epoke in der Geschichte
der Physik mache. Vom Umfang der Kenntnisse kann Hier nicht
die Rede seyn, so wenig auch Entdeckungen den Rang des Natur-
forschers bestimmen dürften. Hier kommt es darauf an, ob man
die Natur, wie ein Künstler die Antike, betrachtet – denn ist die
Natur etwas anders, als eine lebende Antike. Natur und Natur-
einsicht entstehn zugleich, wie Antike, und Antikenkenntniß;
denn man irrt sehr, wenn man glaubt, daß es Antiken giebt. Erst
jezt fängt die Antike an zu entstehen. Sie wird unter den Augen
und der Seele des Künstlers. Die Reste des Alterthums sind nur
die specifischen Reitze zur Bildung der Antike. Nicht mit Hän-
den wird die Antike gemacht. Der Geist bringt sie durch das
Auge hervor – und der gehaune Stein ist nur der Körper, der
erst durch sie Bedeutung erhält, und zur Erscheinung derselben

wird. Wie der Physiker Göthe sich zu den übrigen Physikern verhält, so der Dichter zu den übrigen Dichtern. An Umfang, Mannichfaltigkeit und Tiefsinn wird er hie und da übertroffen, aber an Bildungskunst, wer dürfte sich ihm gleich stellen? Bey ihm ist alles That – wie bey andern alles Tendenz nur ist. Er macht wircklich etwas, während andre nur etwas möglich – oder nothwendig machen. Nothwendige und mögliche Schöpfer sind wir alle – aber wie wenig Wircklichte. Der Philosoph der Schule würde dies vielleicht activen Empirismus nennen. Wir wollen uns begnügen Göthens Künstlertalent zu betrachten und noch einen Blick auf seinen Verstand werfen. An ihm kann man die Gabe zu abstrahiren in einem neuen Lichte kennen lernen. Er abstrahirt mit einer seltnen Genauigkeit, aber nie ohne das Object zugleich zu construiren, dem die Abstraction entspricht. Dies ist nichts, als angewandte Philosophie – und so fänden wir ihn am Ende zu unserm nicht geringen Erstaunen auch als anwendenden, practischen Philosophen, wie denn jeder ächte Künstler von jeher nichts anders war. Auch der reine Philosoph wird practisch seyn, wenn gleich der anwendende Philosoph sich nicht mit reiner Philosophie abzugeben braucht – denn dies ist eine Kunst für sich. /Göthens Meister./ Der Sitz der eigentlichen Kunst ist lediglich im Verstande. Dieser konstruirt nach einem eigenthümlichen Begriff. Fantasie, Witz und Urtheilskraft werden nur von ihm requirirt. So ist Wilhelm Meister ganz ein Kunstproduct – ein Werck des Verstandes. Aus diesem Gesichtspunct sieht man manche sehr mittelmäßige Werke im Kunstsaal – hingegen die meisten vortrefflich geachteten Schriften davon ausgeschlossen. Die Italiäner und Spanier haben bey weiten häufigeres Kunsttalent, als wir. Auch selbst den Franzosen fehlts nicht daran – die Engländer haben schon weit weniger und ähneln hierinn uns, die ebenfalls äußerst selten Kunsttalent besitzen – wenn gleich unter allen Nationen am reichhaltigsten und besten mit jenen Fähigkeiten versehn sind – die der Verstand bey seinen Wercken anstellt. Dieser Überfluß an Kunstrequisiten macht freylich die wenigen Künstler unter uns so einzig – so hervorragend, und wir können sichre Rechnung machen, daß unter uns die herrlichsten Kunstwercke entstehn werden, denn in energischer Universalität kann keine Nation gegen uns auftreten. Wenn ich die neuesten Freunde der Litteratur des Alterthums recht verstehe, so haben sie mit ihrer Foderung, die klassischen Schriftsteller nachzuahmen nichts anders im Sinn, als uns zu Künstlern zu bilden – Kunsttalent in uns zu erwecken. Keine moderne Nation hat den Kunstverstand in so hohen Grad gehabt, als die Alten. Alles ist bey ihnen Kunstwerck – aber vielleicht dürfte man nicht zu viel sagen, wenn man annähme, daß sie es erst für uns sind, oder werden können. Der classischen Litteratur geht es, wie der Antike; sie ist uns eigentlich nicht gegeben – sie ist nicht vorhanden – sondern sie soll von uns erst hervorgebracht werden. Durch fleißiges und geistvolles Studium der Alten entsteht erst eine klassische Litteratur für uns – die die Alten selbst nicht hatten. Die Alten würden sich eine umgekehrte Aufgabe nehmen müssen – denn der bloße Künstler ist ein einseitiger, beschränckter Mensch. An Strenge steht Göthe wohl den Alten nach – aber er übertrifft sie an Gehalt – welches Verdienst jedoch nicht das Seinige ist. Sein Meister kommt ihnen nah genug – denn wie sehr ist er Roman schlechtweg, ohne Beywort – und wie viel ist das in dieser Zeit!

Göthe wird und muß übertroffen werden – aber nur wie die Alten übertroffen werden können, an Gehalt und Kraft, an Mannichfaltigkeit und Tiefsinn – als Künstler eigentlich nicht – oder doch nur um sehr wenig, denn seine Richtigkeit und Strenge ist vielleicht schon musterhafter, als es scheint.

35 NOVALIS: Das Allgemeine Brouillon (1798–1799)

Die Geschichte wird Märchen werden

[80.] Romantik. Alle Romane, wo wahre Liebe vorkommt, sind Mährchen – magische Begebenheiten.

87. Romantik. Absolutisirung – Universalisirung – Classification des individuellen Moments, der ind[ividuellen] Situation etc. ist das eigentliche Wesen des Romantisirens. vid. Meister. Mährchen.

169. Romantik. Sollte nicht der Roman alle Gattungen des Styls in einer durch den gemeinsamen Geist verschiedentlich gebundnen Folge begreifen?

[234.] Romant[ik] etc. Märchen. Nessir und Zulima. Romantisirung der Aline. Novellen. Tausend und Eine Nacht. Dschinnistan. La Belle et la Bète. Musaeus Volksmärchen. Romantischer Geist der neuern Romane. Meister. Werther. Griechische Volksmährchen. Indische Märchen. Neue, originelle Märchen. In einem ächten Märchen muß alles wunderbar – geheimnißvoll und unzusammenhängend seyn – alles belebt. Jedes auf eine andre Art. Die ganze Natur muß auf eine wunderliche Art mit der ganzen Geisterwelt vermischt seyn. Die Zeit der allg[emeinen] Anarchie – Gesezlosigkeit – Freyheit – der Naturstand der Natur – die Zeit vor der Welt (Staat.) Diese Zeit vor der Welt liefert gleichsam die zerstreuten Züge der Zeit nach der Welt – wie der Naturstand ein sonderbares Bild des ewigen Reichs ist. Die Welt des Märchens ist die durchausentgegengesezte Welt der Welt der Wahrheit (Geschichte) – und eben darum ihr so durchaus ähnlich – wie das Chaos der vollendeten Schöpfung. (Über die Idylle.)

In der künftigen Welt ist alles, wie in der ehmaligen Welt – und doch alles ganz Anders. Die künftige Welt ist das Vernünftige Chaos – das Chaos, das sich selbst durchdrang – in sich und außer sich ist – Chaos [2.] oder ∞.

Das ächte Märchen muß zugleich Prophetische Darstellung – idealische Darstell[ung] – abs[olut] nothwendige Darst[ellung] seyn. Der ächte Märchendichter ist ein Seher der Zukunft.

Bekenntnisse eines wahrhaften, synth[etischen] Kindes – eines idealischen Kindes. (Ein Kind ist weit klüger und weiser, als ein Erwachsener – d[as] Kind muß durchaus ironisches Kind seyn.) – Die Spiele d[es] K[indes] – Nachahmung der Erwachsenen. (Mit der Zeit muß d[ie] Gesch[ichte] Märchen werden – sie wird wieder, wie sie anfieng.)

445. Üb[er] W[ilhelm] M[eister]. Gespräch, Beschreibung und Reflexion wechseln im Meister mit einander ab. Das Gespräch ist der vorwaltende Bestandtheil. Am wenigsten kommt die bloße Reflexion vor. Oft ist die Erzählung und Reflexion verwebt – oft die Beschreibung und das Gespräch. Das Gespräch bereitet die Erzählung vor – meistens aber die Erzählung das Gespräch. Schilderung der Caractere, oder Raisonnement üb[er] d[ie] Karactere wechselt mit Thatsachen ab. So ist das ganze Raisonnement von Thatsachen begleitet – die dasselbe bestätigen, widerlegen, oder beydes nur zum Schein thun.

Der Text ist nie übereilt – Thatsachen und Meynungen werden beyde genau bestimmt in der gehörigen Folge vorgetragen.
Die retardirende Natur des Romans zeigt sich vorzüglich im
Styl. Die Philosophie und Moral des Romans sind romantisch.
Das Gemeinste wird wie das Wichtigste, mit romantischer Ironie
angesehn und dargestellt. Die Verweilung ist überall dieselbe.
Die Accente sind nicht logisch sondern (metrisch und) melodisch
– wodurch eben jene wunderbare romantische Ordnung entsteht – die keinen Bedacht

(Über die Metrik der Alten – ihre Accente.)
(Accente sind höhere Vocale.)

auf Rang und Werth, Erstheit und Leztheit – Größe und Klein-
heit nimmt. Die Beywörter gehören zur Umständlichkeit – in
ihrer geschickten Auswahl und ihrer öconomischen Vertheilung
zeigt sich der poëtische Takt. Ihre Auswahl wird durch die Idee
des Dichterwercks bestimmt. [...]

470. Ars Litteraria. Alles was ein Gelehrter thut, sagt, spricht,
leidet, hört etc. muß ein artistisches, Technisches wissenschaft-
liches Produkt oder eine solche Operation seyn. Er spricht in
Epigrammen, er agirt in einem Schauspiel, er ist Dialogist, er
trägt Abh[andlungen] und Wissenschaften vor – er erzählt
Anecdoten, Geschichte, Märchen, Romane, er empfindet poëtisch;
wenn er zeichnet, so zeichnet er, als Künstler, so, als Musiker;
Sein Leben ist ein Roman – so sieht und hört er auch alles – so
ließt er.

Kurz der ächte Gelehrte ist der vollständig gebildete Mensch –
der allem, was er berührt und thut eine wissenschaftliche, idealische, synkritistische Form giebt.

853. Nichts ist romantischer, als was man gewöhnlich Welt
und Schicksal nennt – Wir leben in einem colossalen (im Großen
und Kleinen) Roman. Betrachtung der Begebenheiten um uns
her. Romantische Orientirung, Beurtheilung, und Behandlung
des Menschenlebens.

Der Roman ist Mythologie der Geschichte

21. Ein Roman muß durch und durch Poësie seyn. Die Poësie ist nämlich, wie die Philosophie, eine harmonische Stimmung unsers Gemüths, wo sich alles verschönert, wo jedes Ding seine gehörige Ansicht – alles seine passende Begleitung und Umgebung findet. Es scheint in einem ächt poëtischen Buche, alles so natürlich – und doch so wunderbar – Man glaubt es könne nichts anders seyn, und als habe man nur bisher in der Welt geschlummert – und gehe einem nun erst der rechte Sinn für die Welt auf. Alle Errinnerung und Ahndung scheint aus eben dieser Quelle zu seyn – So auch diejenige Gegenwart, wo man in Illusion befangen ist – einzelne Stunden, wo man gleichsam in allen Gegenständen, die man betrachtet, steckt und die unendlichen, unbegreiflichen gleichzeitigen Empfindungen eines zusammenstimmenden Pluralis fühlt.

45. Die Schreibart des Romans muß kein Continuum – es muß ein in jeden Perioden gegliederter Bau seyn. Jedes kleine Stück muß etwas abgeschnittnes – begränztes – ein eignes Ganze seyn.

60. Die empfindsamen Romane gehören ins medicinische Fach zu den Kranckheitsgeschichten.

505. Wilhelm Meisters Lehrjahre sind gewissermaaßen durchaus prosaïsch – und modern. Das Romantische geht darinn zu Grunde – auch die Naturpoësie, das Wunderbare – Er handelt blos von gewöhnlichen menschlichen Dingen – die Natur und der Mystizism sind ganz vergessen. Es ist eine poëtisirte bürgerliche und häusliche Geschichte. Das Wunderbare darinn wird ausdrücklich, als Poesie und Schwärmerey, behandelt. Künstlerischer Atheïsmus ist der Geist des Buchs.

Sehr viel Öconomie – mit prosaïschen, wohlfeilen Stoff ein poëtischer Effect erreicht.

510. Einheiten des Romans.
        Kampf der Poësie und Unpoësie.
        Der alten und neuen Welt.
        Die Bedeutung der Geschichte.
        Die Geschichte der Romans selbst.
        Verschwendung. etc.

Passive Natur des Romanhelden. Er ist das Organ des Dichters im Roman. Ruhe und Öconomie des Styls. poëtische Ausführung und Betracht[ung] aller Begegnisse des Lebens.

536. Gegen Wilhelm Meisters Lehrjahre. Es ist im Grunde ein fatales und albernes Buch – so pretentiös und pretiös – undichterisch im höchsten Grade, was den Geist betrift – so poëtisch auch die Darstellung ist. Es ist eine Satyre auf die Poësie, Religion etc. Aus Stroh und Hobelspänen ein wolschmeckendes Gericht, ein Götterbild zusammengesezt. Hinten wird alles Farçe. Die Öconomische Natur ist die Wahre – Übrig bleibende.

Göthe hat auf alle Fälle einen widerstrebenden Stoff behandelt. Poëtische Maschinerie.

Fridrich verdrängt M[eister] v[on] d[er] Philine und drängt ihn zur Natalie hin.

Die Bekenntnisse sind eine Beruhigung des Lesers – nach dem Feuer, Wahnsinn und wilden Erscheinungen der ersten Hälfte des dritten Theils.

Das viele Intriguiren und Schwatzen und Repräsentiren am Schluß des 4ten Buchs verräth das vornehme Schloß und das Weiberregiment – und erregt eine ärgerliche Peinlichkeit.

Der Abbé ist ein fataler Kerl, dessen geheime Oberaufsicht lästig und lächerlich wird. Der Thurm in Lotharios Schlosse ist ein großer Widerspruch mit demselben.

Die Freude, daß es nun aus ist, empfindet man am Schlusse im vollen Maaße.

Das Ganze ist ein nobilitirter Roman.

Wilhelm Meisters Lehrjahre, oder die Wallfahrt nach dem Adelsdiplom.

W[ilhelm] M[eister] ist eigentlich ein Candide, gegen die Poësie gerichtet.

Die Poësie ist der Arlequin in der ganzen Farce. Im Grunde kommt der Adel dadurch schlechtweg, daß er ihn zur Poësie rechnet, und die Poësie, daß er sie vom Adel repräsentiren läßt.

Er macht die Musen zu Comödiantinnen, anstatt die Comödiantinnen zu Musen zu machen. Es ist ordentlich tragisch, daß er den Shakespear in diese Gesellschaft bringt.

Avanturiers, Comödianten, Maitressen, Krämer und Philister sind die Bestandtheile des Romans. Wer ihn recht zu Herzen nimmt, ließt keinen Roman mehr.

Der Held retardirt das Eindringen des Evangeliums der Öconomie. Marionettentheater im Anfang. Der Schluß ist, wie die lezten Stunden im Park der schönen Lili.

548. Aufsatz über Wilhelm Meister. Meine Ideen darüber in den bürgerlichen Roman gebracht.

549. Der Romandichter sucht mit Begebenheiten und Dialogen, mit Reflexionen und Schilderungen – Poësie hervorzubringen, wie der Lyrische Dichter durch Empfindungen, Gedanken und Bilder.

Es kommt also alles auf die Weise an, auf die künstlerische Wählungs und Verbindungskunst.

579. Auch Geschäftsarbeiten kann man poëtisch behandeln. Es gehört ein tiefes poëtisches Nachdenken dazu, um diese Verwandlung vorzunehmen. Die Alten haben dies herrlich verstanden. Wie poëtisch beschreiben die Kräuter, Maschinen, Häuser, Geräthschaften etc.

Eine gewisse Alterthümlichkeit des Styls, eine richtige Stellung und Ordnung der Massen, eine leise Hindeutung auf Allegorie, eine gewisse Seltsamkeit, Andacht und Verwunderung, die durch die Schreibart durchschimmert – dies sind einige wesentliche Züge dieser Kunst, die ich zu meinem bürgerlichen Roman recht nöthig habe.

[607.] Die Natur fängt, um mich so auszudrücken, mit dem Abstracten, an. Der Grund der Natur ist, wie Mathematik, durchaus nothwendige Hypothese. Die Nat[ur] geht auch a priori ad posterius – wenigstens für uns. Die Personalität ist ihr entgegen. Sie ist ein gehemmter Personificationsprocess. Je gehemmter desto natürlicher.

Universale Darstell[ung] des Xstenthums. Liebe ist durchaus Kranckheit – daher die wunderbare Bedeutung des Xstenthums.

Das Xstenthum ist durchaus historische Religion, die aber in die Natürliche der Moral, und die Künstliche der Poesie, oder die Mythologie übergeht.

Glück ist Talent für die Historie, oder das Schicksal. Der Sinn für Begebenheiten ist der Profetische – und Glück ist der divinatorische Instinkt. Es giebt eine Divinatorische Lust. Der Roman ist aus Mangel der Geschichte entstanden. Er sezt für den Dichter und Leser divinatorischen, oder historischen Sinn und Lust voraus. Er bezieht sich auf keinen Zweck und ist absolut eigenthümlich.

Die Geschichte muß immer unvollständig bleiben.

Lebensbeschreibungen, Geschichten der Wissenschaften und Künste, Geschichten der Verfassungen, Geschichte der Menschheit in Rücksicht ihrer Zivilisirung, dies kann noch am ersten sich der wahren Geschichte nähern, denn hier hat man Einheit.

Große, schwer zu bestimmende Einheiten, als Nationen, Zeitalter, etc. sind für jezt noch zu schwierig zu behandeln, bes[onders] in Ermangelung richtiger und genugsamer Quellen.

Die besten bisherigen Geschichten sind mehr geografische unvollständige Kroniken mit einzelnen historischen Bemerkungen durchwebt.

Der Roman ist gleichsam die freie Geschichte – gleichsam die Mythologie der Geschichte. (Mythol[ogie] hier in meinem Sinn, als freye poëtische Erfindung, die die Wircklichkeit sehr mannichfach symbolisirt etc.)

Sollte nicht eine Naturmythologie möglich seyn?

Die Menschen unterscheiden sich durch (schnelle) Progressivität, oder Perfectibilität von den übrigen Naturwesen.

Wenn der vorwaltende Stickstoff der Caracter der animalischen Masse ist, was muß der Caracterstoff des Menschen wohl für ein Stoff seyn?

Eine gute Gesch[ichte] kann nur aus Quellen entstehn, die auch schon gute Geschichten sind.

37 FRIEDRICH WILHELM JOSEPH SCHELLING: Philosophie der Kunst (Vorlesungen 1802–1803)

Der Roman als Spiegel des Zeitalters oder partielle Mythologie

[...] Die durch die Charakteristik von Ariosto schon angegebenen Charaktere des romantischen Epos oder des Rittergedichts sind hinreichend, seine Verschiedenheit und Entgegensetzung mit dem antiken Epos zu zeigen. Wir können das Wesen desselben so aussprechen: es ist durch den Stoff episch, d. h. der Stoff ist mehr oder weniger universell, durch die Form aber ist es subjektiv, indem die Individualität des Dichters dabei weit mehr in Anschlag kommt, nicht nur darin, daß er die Begebenheit, welche er erzählt, beständig mit der Reflexion begleitet, sondern auch in der Anordnung des Ganzen, die nicht aus dem Gegenstand selbst sich entwickelt, und weil sie die Sache des Dichters ist, überhaupt keine andere Schönheit als die Schönheit der Willkür bewundern läßt. An und für sich schon gleicht der romantisch-epische Stoff einem wild verwachsenen Wald voll eigenthümlicher Gestalten, einem Labyrinth, in dem es keinen andern Leitfaden gibt als den Muthwillen und die Laune des Dichters. Wir können schon hieraus begreifen, daß das romantische Epos weder die höchste, noch die einzige Art ist, in welcher diese Gattung (das Epos nämlich) in der modernen Welt überhaupt existiren kann.

Das romantische Epos hat in der Gattung, zu der es gehört, selbst wieder einen Gegensatz. Wenn es nämlich überhaupt zwar dem Stoff nach universell, der Form nach aber individuell ist, so läßt sich zum voraus eine andere entsprechende Gattung erwarten, in welcher an einem partiellen oder beschränkteren Stoff sich die allgemein gültigere und gleichsam indifferentere Darstellung versucht. Diese Gattung ist der Roman, und wir haben mit dieser Stelle, die wir ihm geben, zugleich auch seine Natur bestimmt.

Man kann allerdings auch den Stoff des romantischen Epos nur relativ-universell nennen, weil er nämlich immer den Anspruch an das Subjekt macht, sich überhaupt auf einen phantastischen Boden zu versetzen, welches das alte Epos nicht thut. Aber eben deßwegen auch, weil der Stoff vom Subjekt etwas fordert – Glauben, Lust, phantastische Stimmung – so muß der Dichter von der seinigen etwas hinzuthun, und so dem Stoff, was er in der einen Rücksicht an Universalität voraus haben kann, von der andern Seite wieder durch die Darstellung nehmen. Um sich dieser Nothwendigkeit zu überheben, und der objektiven Darstellung sich mehr zu nähern, bleibt demnach nichts übrig als auf die Universalität des Stoffs Verzicht zu thun und sie in der Form zu suchen.

Die ganze Mythologie des Rittergedichts gründet sich auf das Wunderbare, d. h. auf eine getheilte Welt. Diese Getheiltheit geht nothwendig in die Darstellung über, da der Dichter, um das Wunderbare als solches erscheinen zu lassen, selbst für sich in derjenigen Welt seyn muß, wo das Wunderbare als Wunderbares erscheint. Will also der Dichter mit seinem Stoff wahrhaft identisch werden und sich ihm selbst ungetheilt hingeben, so ist kein Mittel dazu, als daß das Individuum, wie überhaupt in der modernen Welt, so auch hier ins Mittel trete und den Ertrag Eines Lebens und Geistes in Erfindungen niederlege, die, je höher sie stehen, desto mehr die Gewalt einer Mythologie gewinnen. So entsteht der Roman, und ich trage kein Bedenken, ihn in dieser Rücksicht über das Rittergedicht zu setzen, obgleich freilich von dem, was unter diesen Namen geht, das Wenigste nur jene Objektivität der Form erreicht hat, bei welcher es näher noch als das Rittergedicht dem eigentlichen Epos steht.

Schon durch die ausdrückliche Beschränkung, daß der Roman bloß durch die Form der Darstellung objektiv, allgemein gültig sey, ist angedeutet, innerhalb welcher Grenzen allein er dem Epos sich nähern könne. Das Epos ist eine ihrer Natur nach unbeschränkte Handlung: sie fängt eigentlich nicht an und könnte ins Endlose gehen. Der Roman ist, wie gesagt, durch den Gegenstand beschränkt, er nähert sich dadurch mehr dem Drama, welches eine beschränkte und in sich abgeschlossene Handlung ist. In dieser Beziehung könnte man den Roman auch als eine Mischung des Epos und des Drama beschreiben, so nämlich, daß er die Eigenschaften beider Gattungen theilte. Das Ganze der neueren Kunst zeigt sich auch darin mehr der Malerei und dem Reich der Farben gleich, da hingegen das plastische Zeitalter oder das Reich der Gestalten alles streng von einander sonderte.

Die moderne Kunst hat für die objektive Form der Darstellung kein so gleichmäßiges, zwischen Entgegengesetztem schwebendes Sylbenmaß, als der Hexameter der antiken Kunst ist; alle ihre Sylbenmaße individualisiren gleich stärker und beschränken auf einen gewissen Ton, Farbe, Stimmung u. s. w. Die Gleichmäßigste neuere Versart ist die Stanze, aber sie hat nicht so das Ansehen unmittelbarer Inspiration und Abhängigkeit von dem Fortschreiten des Gegenstandes als der Hexameter, schon darum, weil sie ein ungleichförmiges Versmaß ist, und sich in Strophen absondert, und demnach auch überhaupt künstlicher und mehr als Werk des Dichters wie als Form des Gegenstandes erscheint. Dem Roman also, der in beschränkterem Stoff die Objektivität des Epos in der Form erreichen will, bleibt nichts als die Prosa, welche die höchste Indifferenz ist, aber die Prosa in ihrer größten Vollkommenheit, wo sie von einem leisen Rhythmus und einem geordneten Periodenbau begleitet ist, der dem Ohr zwar nicht so gebietet wie das rhythmische Sylbenmaß, aber doch von der andern Seite auch keine Spur der Gezwungenheit hat, und deßwegen die sorgfältigste Ausbildung erfordert. Wer diesen Rhythmus der Prosa im Don Quixote und Wilhelm Meister nicht empfindet, der kann ihn freilich auch nicht gelehrt werden. Wie die epische Diktion, darf diese Prosa oder vielmehr dieser Styl des Romans verweilen, sich verbreiten und das Geringste nicht unberührt lassen an seiner Stelle, aber auch nicht sich in Schmuck verlieren, besonders nicht in bloßen Wortschmuck, weil sonst der unerträglichste Mißstand, die sogenannte poetische Prosa, unmittelbar angrenzt.

Da der Roman nicht dramatisch seyn kann und doch von der andern Seite in der Form der Darstellung die Objektivität des Epos zu suchen hat, so ist die schönste und angemessenste Form des Romans nothwendig die erzählende. Ein Roman in Briefen besteht aus lauter lyrischen Theilen, die sich – im Ganzen – in dramatische verwandeln, und somit fällt der epische Charakter hinweg.

Da in der Form der Darstellung der Roman dem Epos so viel möglich gleich seyn soll und doch ein beschränkter Gegenstand eigentlich den Stoff ausmacht, so muß der Dichter die epische Allgemeingültigkeit durch eine relativ noch größere Gleichgültigkeit gegen den Hauptgegenstand oder den Helden ersetzen, als diejenige ist, welche der epische Dichter übt. Er darf sich daher nicht zu streng an den Helden binden, und noch viel weniger alles im Buch ihm gleichsam unterwerfen. Da das Beschränkte nur gewählt ist, um in der Form der Darstellung das Absolute zu zeigen, so ist der Held gleichsam schon von Natur mehr symbolisch als persönlich und muß auch so im Roman genommen werden, so daß sich alles leicht ihm anknüpft, daß er der collective Name sey, das Band um die volle Garbe.

Die Gleichgültigkeit darf so weit gehen, daß sie sogar in Ironie gegen den Helden übergehen kann, da Ironie die einzige Form ist, in der das, was vom Subjekt ausgeht oder ausgehen muß, sich am Bestimmtesten wieder von ihm ablöst und objektiv wird. Die Unvollkommenheit kann also dem Helden in dieser Hinsicht gar nichts schaden; die prätendirte Vollkommenheit hingegen wird den Roman vernichten. Hierher gehört auch, was

Goethe im Wilhelm Meister über die retardirende Kraft des Helden mit besonderer Ironie diesem selbst in Mund legt. Da nämlich der Roman von der einen Seite die nothwendige Hinneigung zum Dramatischen hat, und doch von der andern Seite verweilend wie das Epos seyn soll, so muß es diese den raschen Lauf der Handlung mäßigende Kraft in das Objekt, nämlich in den Helden selbst legen. Wenn Goethe in derselbigen Stelle des Wilhelm Meister sagt: Im Roman sollen vorzüglich Gesinnungen und Begebenheiten, im Drama Charaktere und Thaten vorgestellt werden, so hat dieß dieselbe Beziehung. Gesinnungen können auch wohl nur für eine gewisse Zeit und Lage stattfinden, sie sind wandelbarer als der Charakter; der Charakter drängt unmittelbarer zur Handlung und zum Ende, als Gesinnungen thun, und die That ist entscheidender als Begebenheiten sind, wie sie aus dem entschiedenen und starken Charakter kommt und im Guten und Bösen eine gewisse Vollkommenheit desselben fordert. Allein dieß ist freilich nicht von einer gänzlichen Negation der Thatkraft im Helden zu verstehen, und die vollkommenste Vereinigung wird immer die bleiben, welche im Don Quixote getroffen ist, daß die aus dem Charakter kommende That durch die Begegnung und die Umstände für den Helden zur Begebenheit wird.

Der Roman soll ein Spiegel der Welt, des Zeitalters wenigstens, seyn, und so zur partiellen Mythologie werden. Er soll zur heiteren, ruhigen Betrachtung einladen und die Theilnahme allenthalben gleich fest halten; jeder seiner Theile, alle Worte sollten gleich golden seyn, wie in ein innerliches höheres Sylbenmaß gefaßt, da ihm das äußerliche mangelt. Deßwegen kann er auch nur die Frucht eines ganz reifen Geistes seyn, wie die alte Tradition den Homeros immer als Greis schildert. Er ist gleichsam die letzte Läuterung des Geistes, wodurch er in sich selbst zurückkehrt und sein Leben und seine Bildung wieder in Blüthe verwandelt; er ist die Frucht, jedoch mit Blüthen gekrönt.

Alles im Menschen anregend soll der Roman auch die Leidenschaft in Bewegung setzen; das höchste Tragische ist ihm erlaubt wie das Komische, nur daß der Dichter selbst von beidem unberührt bleibe.

Es ist schon früher in Ansehung des Epos bemerkt worden, daß in ihm der Zufall verstattet ist; noch mehr darf der Roman mit allen Mitteln schalten, die Überraschung, Verflechtung und Zufall an die Hand geben: nur darf freilich der Zufall nicht allein schalten, sonst tritt wieder ein grillenhaftes, einseitiges Princip an die Stelle des ächten Bildes vom Leben. Auf der anderen Seite ist, wenn der Roman vom Epos das Zufällige der Begebenheiten entlehnen darf, das Princip des Schicksals, welches in ihn durch seine Hinneigung zum Drama kommt, ebenfalls zu einseitig und dabei zu herbe für die umfassendere und gefälligere Natur des Romans. Inwiefern Charakter auch eine Nothwendigkeit ist, die dem Menschen zum Schicksal werden kann, müssen im Roman Charakter und Zufall einander in die Hände arbeiten, und in dieser Stellung beider gegeneinander offenbart sich vorzüglich die Weisheit und Erfindung des Dichters. [...]

Wo der Boden der Dichtung es nicht begünstigt, muß der Dichter es erschaffen, wie Goethe im Wilhelm Meister; Mignon, der Harfner, das Haus des Onkels sind einzig sein Werk. Alles, was die Sitten Romantisches darbieten, muß herausgewendet und das Abenteuerliche nicht verschmäht werden, sobald es auch wieder zur Symbolik dienen kann. Die gemeine Wirklichkeit soll sich nur darstellen, um der Ironie und irgend einem Gegensatze dienstbar zu seyn.

Die Stellung der Begebenheiten ist ein anderes Geheimniß der Kunst. Sie müssen weise vertheilt seyn, und wenn auch gegen das Ende der Strom breiter wird, und die ganze Herrlichkeit der Conception sich entfaltet, so sollen sich doch die Begebenheiten nirgend drücken, drängen und jagen. Die sogenannten Episoden müssen entweder dem Ganzen wesentlich angehören, organisch mit ihm gebildet seyn (Sperata), nicht bloß angeflickt, um dieses und jenes herbeizuführen, oder sie müssen ganz unabhängig als Novellen eingeschaltet seyn, wogegen sich nichts einwenden läßt.

Die Novelle, um dieß im Vorbeigehen zu bemerken, da wir uns auf alle diese Untergattungen nicht insbesondere einlassen können, ist der Roman nach der lyrischen Seite gebildet, gleichsam, was die Elegie in Bezug auf das Epos ist, eine Geschichte zur symbolischen Darstellung eines subjektiven Zustandes oder einer besonderen Wahrheit, eines eigenthümlichen Gefühls.

Um einen leichten Kern – einen Mittelpunkt, der nichts verschlinge und alles gewaltsam in seine Strudel ziehe – muß überhaupt im Roman alles fortschreitend geordnet seyn.

Es leuchtet aus diesen wenigen Zügen ein, was der Roman nicht seyn darf, im höchsten Sinn genommen: keine Musterkarte von Tugenden und Lastern, kein psychologisches Präparat eines einzelnen menschlichen Gemüths, das wie in einem Kabinet aufbewahrt würde. Es soll uns an der Schwelle keine zerstörende Leidenschaft empfangen und durch alle ihre Stationen mit sich fortreißen, die den Leser zuletzt betäubt am Ende eines Wegs zurückläßt, den er um alles nicht noch einmal machen möchte. Auch soll der Roman ein Spiegel des allgemeinen Laufs menschlicher Dinge und des Lebens, also nicht bloß ein partielles Sittengemälde seyn, wo wir nie über den engen Horizont socialer Verhältnisse auch etwa der größesten Stadt oder eines Volks von beschränkten Sitten hinausgeführt werden, der endlosen schlechteren Stufen noch tiefer herabgehender Verhältnisse nicht zu gedenken.

Daraus folgt natürlich, daß fast die gesammte Unzahl dessen, was man Roman nennt, – wie Fallstaff seine Miliz Futter für Pulver nennt, – Futter für den Hunger der Menschen ist, für den Hunger nach materieller Täuschung und für den unersättlichen Schlund der Geistesleere und derjenigen Zeit, die vertrieben seyn will.

Es wird nicht zu viel seyn zu behaupten, daß es bis jetzt nur zwei Romane gibt, nämlich den Don Quixote des Cervantes und den Wilhelm Meister von Goethe, jener der herrlichsten, dieser der gediegensten Nation angehörig. Don Quixote ist nicht nach den frühesten deutschen Übersetzungen zu beurtheilen, wo die Poesie vernichtet, der organische Bau aufgehoben ist. Man braucht sich des Don Quixote nur zu erinnern, um einzusehen, was der Begriff von einer durch das Genie eines Einzelnen erschaffenen Mythologie sagen will. Don Quixote und Sancho Pansa sind mythologische Personen über den ganzen gebildeten Erdkreis, sowie die Geschichte von den Windmühlen u.s.w. wahre Mythen sind, mythologische Sagen. Was in der beschränkten Conception eines untergeordneten Geistes nur als Satyre einer bestimmten Thorheit gemeint geschienen hätte, das hat der Dichter durch die allerglücklichste der Erfindungen in das universellste, sinnvollste und pittoreskeste Bild des Lebens verwandelt. Daß diese Eine Erfindung durch das Ganze hinläuft, und dann nur aufs reichste variirt erscheint, nirgend also eine Zusammenstückelung sichtbar wird, gibt ihm einen besonders großen Charakter. Indeß ist doch in dem Ganzen ein offenbarer und sehr entschiedener Gegensatz, und die beiden Hälften könnte man weder ganz unschicklich noch ganz unwahr die Ilias und die Odyssee des Romans nennen. Das Thema im Ganzen ist das Reale im Kampf mit dem Idealen. In der ersten Hälfte des Werks wird das Ideale nur natürlich-realistisch behandelt, d. h. das Ideale des Helden stößt sich nur an der gewöhnlichen Welt und den gewöhnlichen Bewegungen derselben, im andern Theil wird es mystificirt, d. h. die Welt, mit der es in Conflict kommt, ist selbst eine ideale, nicht die gewöhnliche, wie in der Odyssee die Insel der Kalypso gleichsam eine fingirtere Welt ist als die, in welcher die Ilias sich bewegt, und wie hier die Kirke erscheint, so im Don Quixote die Herzogin, die, ausgenommen die Schönheit, alles mit ihr gemein hat. Die Mystifikation geht allerdings bis zum Schmerzenden, ja bis zum Plumpen, und so daß das Ideale in der Person des Helden, weil es da verrückt geworden war, ermattend unterliegt; dagegen zeigt es sich im Ganzen der Composition durchaus triumphirend, und auch in diesem Theil schon durch die ausgesuchte Gemeinheit des Entgegengesetzten.

Der Roman des Cervantes ruht also auf einem sehr unvollkommenen, ja verrückten Helden, der aber zugleich so edler Natur ist, und so oft als der Eine Punkt nicht berührt wird, so viel überlegenen Verstand zeigt, daß ihn keine Schmach, die ihm widerfährt, eigentlich herabwürdiget. An diese Mischung (in Don Quixote) ließ sich eben das wunderbarste und reichste Gewebe knüpfen, das im ersten Moment so anziehend wie im letzten stets den gleichen Genuß gewährt und die Seele zur heitersten Besonnenheit stimmt. Für den Geist ist die nothwendige Begleitung des Helden, Sancho Pansa, gleichsam ein unaufhörlicher Festtag; eine unversiegbare Quelle der Ironie ist geöffnet und ergießt sich in kühnen Spielen. Der Boden, auf dem das Ganze geschieht, versammelte in jener Zeit alle romantischen Principien, die es noch in Europa gab, verbunden mit der Pracht des geselligen Lebens. Hierin war der Spanier tausendfältig vor dem deutschen Dichter begünstigt. Er hatte die Hirten, die auf freiem Felde lebten, einen ritterlichen Adel, das Volk der Mauren, die nahe Küste von Afrika, den Hintergrund der Begebenheiten der Zeit und der Feldzüge gegen die Seeräuber, endlich eine Nation, unter welcher die Poesie popular ist – selbst malerische Trachten, für den gewöhnlichen Gebrauch die Maulthiertreiber und den Baccalaureus von Salar. Dennoch läßt der Dichter meist aus Ereignissen, die nicht national sondern ganz allgemein sind, wie die Bewegung der Galeerensclaven, eines Marionettenspielers, eines Löwen im Käfig seine ergötzlichen Ereignisse entstehen. Der Wirth, den Don Quixote für einen Castellan ansieht, und die schöne Maritorne sind allenthalben zu Haus. Die Liebe dagegen erscheint immer in der eigenthümlichen romantischen Umgebung, die er in seiner Zeit vorfand, und der ganze Roman spielt unter freiem Himmel in der warmen Luft seines Klima und in erhöhter südlicher Farbe.

Die Alten haben den Homer als den glücklichsten Erfinder gepriesen, die Neueren billig Cervantes.

Was hier Eine göttliche Erfindung ausrichten und aus Einem Guß schaffen konnte, das hat der Deutsche unter völlig ungünstigen, zerstückten Umständen durch eine große Denkkraft und Tiefe des Verstandes hervorbringen und erfinden müssen. Die Anlage erscheint unkräftiger, die Mittel dürftiger, allein die Gewalt der Conception, die das Ganze hält, ist wahrhaft unermeßlich.

Auch im Wilhelm Meister zeigt sich der fast bei keiner umfassenden Darstellung zu umgehende Kampf des Idealen mit dem Realen, der unsere aus der Identität herausgetretene Welt bezeichnet. Nur ist es nicht so wie im Don Quixote ein und derselbe sich beständig in verschiedenen Formen erneuernde, sondern ein vielfach gebrochener und mehr zerstreuter Streit; daher auch der Widerstreit im Ganzen gelinder, die Ironie leiser, sowie unter dem Einfluß des Zeitalters alles praktisch endigen muß. Der Held verspricht viel und vieles, er scheint auf einen Künstler angelegt, aber die falsche Einbildung wird ihm genommen, da er die vier Bände hindurch beständig nicht als Meister, wie er heißt, als Schüler erscheint oder behandelt wird; er bleibt als eine liebenswürdige gesellige Natur zurück, die sich leicht anschließt und immer anzieht; insofern ist er ein glückliches Band des Ganzen und macht einen anlockenden Vorgrund. Der Hintergrund öffnet sich gegen das Ende und zeigt eine unendliche Perspektive aller Weisheit des Lebens hinter einer Art von Gaukelspiel; denn nichts anderes ist die geheime Gesellschaft, die sich in dem Augenblick auflöst, wo sie sichtbar wird, und nur das Geheimniß der Lehrjahre ausspricht: – der nämlich ist Meister, der seine Bestimmung erkannt hat. Diese Idee ist mit solcher Fülle, mit einem Reichthum unabhängigen Lebens bekleidet, daß sie sich nie als herrschender Begriff oder als Verstandeszweck der Dichtung entschleiert. Was sich in den Sitten nur irgend romantisch behandeln ließ, ist benutzt worden, herumziehende Schauspieler, das Theater überhaupt, welches allenfalls die aus der socialen Welt verbannte Unregelmäßigkeit noch aufnimmt, ein Kriegsheer von einem Fürsten angeführt, ja Seiltänzer und eine Räuberbande. Wo Sitte und Zufall, der nach jener modificirt werden mußte, nicht mehr ausreichten, da ist das Romantische in den Charakter gelegt worden, von der freien anmuthigen Philine an bis zu dem edelsten Styl hinauf zu Mignon, durch welche der Dichter sich in einer Schöpfung offenbart, an der die tiefste Innigkeit des Gemüths und die Stärke der Imagination gleichen Antheil haben. Auf diesem wundervollen Wesen und der Geschichte ihrer Familie – in der tragischen Novelle der Sperata – ruht die Herrlichkeit des Erfinders; die Lebensweisheit wird gleichsam arm dagegen, und dennoch hat er in seiner künstlerischen Weisheit nicht mehr Gewicht darauf gelegt wie auf jeden andern Theil des Buchs. Auch sie nur haben, könnte man sagen, ihre Bestimmung erfüllt und ihrem Genius gedient.

Was in dem Roman durch Schuld der Zeit und des Bodens der Farbengebung des Ganzen abgeht, muß in die einzelnen Gestalten gelegt werden; dieß ist das vorzüglichste Geheimniß in der Composition des Wilhelm Meister; diese Macht hat der Dichter so weit geübt, daß er auch den gemeinsten Personen, z. B. der alten Barbara in dem einzelnen Moment eine wunderbare Erhöhung geliehen hat, in der sie wahrhaft tragische Worte aussprechen, bei denen der Held der Geschichte gleichsam selbst zu vergehen scheint.

Was Cervantes nur einmal zu erfinden hatte, mußte der deutsche Dichter vielfach erfinden und bei jedem Schritte auf so ungünstigem Boden sich neue Bahn brechen, und da die Ungünstigkeit der Umgebung seinen Erfindungen nicht die Gefälligkeit zuläßt, die denen des Cervantes eigen ist, geht er desto tiefer mit der Intention und ersetzt den äußern Mangel durch die innere Kraft der Erfindung. Dabei ist die Organisation aufs Kunstreichste gebildet, und im ersten Keim das Blatt wie die Blüthe mit entworfen, und der kleinste Umstand im voraus nicht vernachlässigt, um dann überraschend wiederzukehren.

Außer dem Roman in der vollkommensten Gestalt, inwiefern er bei einer gewissen Beschränktheit des Stoffes durch die Form die Allgemeingültigkeit des Epos annimmt, muß man nun allerdings noch überhaupt romantische Bücher gelten lassen. Ich verweise dahin – nicht die Novellen und Mährchen, die für sich bestehen als wahre Mythen (in den unsterblichen Novellen des Boccaccio) aus wirklichem oder phantastischem Gebiet, und die ebenfalls sich im äußern Element rhythmischer Prosa bewegen, sondern anderes gemischtes Vortreffliches, wie den Persiles des Cervantes, die Fiammetta des Boccaccio, allenfalls auch den Werther, der übrigens ganz in die Jugend und den sich mißverstehenden Versuch der in Goethe wiedergeborenen Poesie zurückgeschoben werden muß, ein lyrisch-leidenschaftliches Poem von großer materieller Kraft, obwohl die Scene ganz innerlich und nur im Gemüth liegt.

Was die gepriesenen englischen Romane betrifft, so halte ich den Tom Jones für ein mit derben Farben aufgetragenes nicht Welt- sondern Sittengemälde, wo auch der moralische Gegensatz zwischen einem ganz niedrigen Heuchler und einem gesunden, aufrichtigen jungen Menschen etwas grob durchgeführt ist mit mimischem Talent, aber ohne alle romantischen und zarten Bestandtheile. Richardson ist in der Pamela und dem Grandison wenig mehr als ein moralischer Schriftsteller; in der Clarissa zeigt er eine wahrhaft objektive Darstellungsgabe, nur in Pedanterie und Weitläufigkeit eingewickelt. Nicht romantisch, aber objektiv und ungefähr in der Art der Idylle allgemein gültig ist der Landprediger von Wakefield.

Maskenball aller poetischen Freiheiten

§ 69. Über dessen poetischen Wert

Der Roman verliert an reiner Bildung unendlich durch die
Weite seiner Form, in welcher fast alle Formen liegen und klap-
pern können. Ursprünglich ist er episch; aber zuweilen erzählt
statt des Autors der Held, zuweilen alle Mitspieler. Der Roman
in Briefen, welche nur entweder längere Monologen oder längere
Dialogen sind, gränzet in die dramatische Form hinein, ja, wie in
„Werthers Leiden", in die lyrische. Bald geht die Handlung, wie
z. B. im „Geisterseher", in den geschlossenen Gliedern des Drama;
bald spielet und tanzet sie, wie das Mährchen, auf der ganzen
Weltfläche umher. – Auch die Freiheit der Prose fließet schädlich
ein, weil ihre Leichtigkeit dem Künstler die erste Anspannung
erlässet und den Leser vor einem scharfen Studium abneigt. –
Sogar seine Ausdehnung – denn der Roman übertrifft alle Kunstwerke an Papier-Größe – hilft ihn verschlimmern; der Kenner
studiert und mißt wol ein Drama von einem halben Alphabet,
aber welcher ein Werk von zehn ganzen? Eine Epopee, befiehlt
Aristoteles, muß in einem Tage durchzulesen sein; Richardson
und der uns wohlbekannte Autor erfüllen auch in Romanen
dieses Gebot und schränken auf einen Lesetag ein, nur aber, da
sie nördlicher liegen als Aristoteles, auf einen solchen, wie er am
Pole gewöhnlicher ist, der aus 90¼ Nächten besteht. – Aber wie
schwer durch zehn Bände Ein Feuer, Ein Geist, eine Haltung des
Ganzen und Eines Helden reiche und gehe, und wie hier ein gutes Werk mit der umfassenden Gluth und Luft eines ganzen Kli-
mas hervorgetrieben sein will, nicht mit den engen Kräften eines
Treibscherbens, die wol eine Ode geben können[1], das ermessen
die Kunstrichter zu wenig, weil es die Künstler selber nicht genug

---

[1] Sie kann in Einem Tage, aber die „Klarisse" kann – trotz ihren
Fehlern – nicht einmal in Einem Jahre entstehen. Die Ode spiegelt
Eine Welt- und Geist-Seite, der rechte Roman jede.

ermessen, sondern gut anfangen, dann überhaupt fortfahren, endlich elend endigen. Man will nur studieren, was selber weniger studieret werden mußte, das Kleinste.

Auf der andern Seite kann unter einer rechten Hand der Roman, diese einzige erlaubte poetische Prose, so sehr wuchern als verarmen. Warum soll es nicht eine poetische Enzyklopädie, eine poetische Freiheit aller poetischen Freiheiten geben? Die Poesie komme zu uns, wie und wo sie will, sie kleide sich wie der Teufel der Eremiten oder wie der Jupiter der Heiden in welchen prosaischen, engen, dürftigen Leib: sobald sie nur wirklich darin wohnt, so sei uns dieser Maskenball willkommen. Sobald ein Geist da ist, soll er auf der Welt, gleich dem Weltgeiste, jede Form annehmen, die er allein gebrauchen und tragen kann. Als Dantes Geist die Erde betreten wollte, waren ihm die epischen, die lyrischen und die dramatischen Eierschalen und Hirnschalen zu enge; da kleidete er sich in weite Nacht und in Flamme und in Himmels-Äther zugleich und schwebte so nur halb verkörpert umher unter den stärksten, stämmigsten Kritikern.

Das Unentbehrlichste am Roman ist das Romantische, in welche Form er auch sonst geschlagen oder gegossen werde. Die Stilistiker forderten aber bisher vom Romane statt des romantischen Geistes vielmehr den Exorzismus desselben; der Roman sollte dem wenigen Romantischen, das etwa noch in der Wirklichkeit glimmt, steuern und wehren. Ihr Roman als ein unversifiziertes Lehrgedicht wurde ein dickeres Taschenbuch für Theologen, für Philosophen, für Hausmütter. Der Geist wurde eine angenehme Einkleidung des Leibes. Wie die Schüler sonst in den Schuldramen der Jesuiten sich in Verba und deren Flexionen, in Vokative, Dative usw. verkappten und sie darstellten: so stellten Menschen-Charaktere Paragraphen und Nutzanwendungen und exegetische Winke, Worte zu ihrer Zeit, heterodoxe Nebenstunden vor; der Poet gab den Lesern, wie Basedow den Kindern, gebackene Buchstaben zu essen.

Allerdings lehrt und lehre die Poesie und also der Roman, aber nur wie die Blume durch ihr blühendes Schließen und Öffnen und selber durch ihr Duften das Wetter und die Zeiten des Tags wahrsagt; hingegen nie werde ihr zartes Gewächs zum hölzernen Kanzel- und Lehrstuhl gefället, gezimmert und verschränkt; die Holz-Fassung, und wer darinsteht, ersetzen nicht

den lebendigen Frühlings-Duft. – Und überhaupt was heißet denn
Lehren geben? Bloße Zeichen geben; aber voll Zeichen steht ja
schon die ganze Welt, die ganze Zeit; das Lesen dieser Buchstaben eben fehlt; wir wollen ein Wörterbuch und eine Sprachlehre
der Zeichen. Die Poesie lehrt lesen, indeß der bloße Lehrer mehr
unter die Ziffern als Entzifferungs-Kanzlisten gehört.

Ein Mensch, der ein Urtheil über die Welt ausspricht, gibt uns
seine Welt, die verkleinerte, abgerissene Welt, statt der lebendigen ausgedehnten, oder auch ein Fazit ohne die Rechnung. Darum ist eben die Poesie so unentbehrlich, weil sie dem Geiste nur
die geistig wiedergeborne Welt übergibt und keinen zufälligen
Schluß aufdringt. Im Dichter spricht blos die Menschheit nur
die Menschheit an, aber nicht dieser Mensch jenen Menschen.

§ 70. Der epische Roman

Ungeachtet aller Stufen-Willkür muß doch der Roman zwischen den beiden Brennpunkten des poetischen Langkreises (El-
lipse) entweder dem Epos oder dem Drama näher laufen und
kommen. Die gemeine unpoetische Klasse liefert bloße Lebensbeschreibungen, welche ohne die Einheit und Nothwendigkeit der
Natur und ohne die romantische epische Freiheit, gleichwol von
jener die Enge entlehnend, von dieser die Willkür, einen gemeinen Welt- und Lebenslauf mit allem Wechsel von Zeiten und
Orten so lange vor sich hertreiben, als Papier daliegt. Der Verfasser dieses, der erst neuerlich Fortunatus' Wünschhütlein gelesen, schämt sich fast zu bekennen, daß er darin mehr gefunden – nämlich poetischen Geist – als in den berühmtesten Romanen der Stilistiker. Ja, will einmal die Kopier-Gemeinheit in den
Äther greifen und durch das Erden-Gewölke: so zieht sie grade
eine Handvoll Dunst zurück; eben die Feinde des Romantischen stellen jenseits ihres Erden- und Dunstkreises gerade die
unförmlichsten Gestalten und viel wildere anorgische Grotesken
in die Höhe, als je das treue, nur hinter der Fahne der Natur
gehende Genie gebären könnte.

Die romantisch-epische Form, oder jenen Geist, welcher in den
altfranzösischen und altfränkischen Romanen gehauset, rief
Goethens Meister wie aus übereinandergefallenen Ruinen in
neue, frische Lustgebäude zurück mit seinem Zauberstab. Dem
epischen Charakter getreu lässet dieser aufgestandne Geist einer

romantischern Zeit eine leichte helle hohe Wolke vorübergehen, welche mehr die Welt als Einen Helden und mehr die Vergangenheit spiegelt oder trägt. Wahr und zart ist daher die Ähnlichkeit zwischen Traum und Roman[2], in welche Herder das Wesen des letzten setzt; und so die zwischen Mährchen und Roman, die man jetzo fodert. Das Mährchen ist das freiere Epos, der Traum das freiere Mährchen. Goethens Meister hat hier einige bessere Schüler gebildet, wie Novalis', Tiecks, E. Wagners, de la Motte Fouqués, Arnims Romane. Freilich geben manche dieser Romane, z. B. Arnims, ungeachtet so vieler Glanzstralen, doch in einer Form, welche mehr ein Zerstreu- als Sammelglas derselben ist, nicht genug Wärme-Verdichtung des Interesse.

§ 71. Der dramatische Roman

Aber die Neuern wollen wieder vergessen, daß der Roman ebensowol eine romantisch-dramatische Form annehmen könne und angenommen habe. Ich halte sogar diese schärfere Form aus demselben Grunde, warum Aristoteles der Epopee die Annäherung an die dramatische Gedrungenheit empfiehlt, für die bessere, da ohnehin die Losgebundenheit der Prose dem Romane eine gewisse Strengigkeit der Form nöthig und heilsam macht. Richardson, Thümmel, Wieland, Schiller, Jacobi, Fielding, Engel u. a. gingen diesen Weg, der sich weniger zum Spielraum der Geschichte ausbreitet, als zur Rennbahn der Charaktere einschränkt, deßgleichen der Autor, der uns sonst bekannt ist. Die Form gibt Szenen der leidenschaftlichen Klimax, Worte der Gegenwart, heftige Erwartung, Schärfe der Charaktere und Motive, Stärke der Knoten usw. Der romantische Geist muß ebensogut diesen fester geschnürten Leib beziehen können, als er ja schon den schweren Kothurn getragen und den tragischen Dolch gehoben.

§ 74. Regeln und Winke für Romanschreiber

[...] Die epische Natur des Romans untersagt euch lange Gespräche, vollends eure schlechten. Denn gewöhnlich bestehen sie in der Doppelkunst, entweder den andern zu unterbrechen, oder dessen Frage in Antwort zu wiederholen, wie Engel häufig thut, oder nur den Witz fortsetzend zu beantworten.

[2] Adrastea, III, S. 171 etc.

Umringt nicht die Wiege eures Helden mit gesammter Lesewelt. Wie die Gallier nach Cäsar ihre Kinder nur mannbar vor sich ließen – daher vielleicht noch jetzo die französische Sitte sie auf dem Land erziehen läßt –, so wollen wir den Helden sofort mehre Fuß hoch sehen; erst darauf könnt ihr einige Reliquien aus der Kinderstube nachholen, weil nicht die Reliquie den Mann, sondern er sie bedeutend macht. Die Phantasie zieht leichter den Baum zum Pflänzchen ein, als dieses zu jenem empor.

Wenigstens komischen Romanschreibern ist der Rath einzuschärfen, daß sie fast länger am Entwerfen als am Ausführen ihrer Plane arbeiten sollten (wie schon Christen es auch mit ihren sittlichen thun). Ist der Plan geräumig und zusprechend: so fliegt die Arbeit und trägt alles, was von Einfällen und Scherzen aufzuladen ist. Hingegen ist er verkrümmt und verengt: so sitzt der reichste und beweglichste Autor als lahmer Bettler da und hat nichts einzunehmen, nämlich nichts auszugeben; er dürstet in seiner Wüste nach Wasser, obwol umgeben von Edelsteinen vom ersten, zweiten, dritten Wasser. – Nur sieht ein Autor einem noch im Gehirnäther zu hoch schwebenden Plane oder spanischen Schlosse nie dessen freie Geräumigkeit oder dessen enge Winkligkeit deutlich an. Ein Schriftsteller soll daher, bevor er etwas anfängt – oft einen mühseligen Gruben- oder Brunnen-Bau –, eine Wünschelruthe über das Gold und Wasser, das zu finden ist oder nicht, zu halten und zu fragen wissen. Es gibt für ihn nämlich eine eigne, nicht aber leichte Kunst, den noch unbesetzten Plan eines Werks vorspielend, vordenkend, vorprüfend sich auszufüllen, doch nur von fernen und leicht, mehr in dem Gehirne, wenig auf dem Papiere; vermag nun ein Dichter mit scheinbarer Ausführung über seinem Plan zu schweben: so hat er bei einem richtigen Zuversicht und Aussicht gewonnen und bei einem unrichtigen nichts verloren als die Mühe der ersten Anlage.

Eine andere, nicht blos dem epischen AusspRößling, dem Roman, aufgegebene Frage ist die, was früher zu schaffen sei, ob die Charaktere oder die Geschichte. Wenigstens den Charakter des Helden schafft zuerst, welcher den romantischen Geist des Werks ausspricht oder verkörpert; je leerer, einseitiger, niedriger die Nebencharaktere hinab, desto mehr verlieren sie sich in das todte, unselbstständige, dem Dichterzepter unterworfene historische Reich. Die Geschichte ist nur der Leib, der Charakter des Helden die Seele darin, welche jenen gebraucht, obwol von ihm leidend und empfangend. Nebencharaktere können oft als bloße historische Zufälle, also nach dem vorigen Gleichnis als Körpertheile den seelenvollen Helden umgeben, wie nach Leibnitz die schlafenden Monaden (als Leib) die wachende, den Geist. Der unendlichen Weite der Zufälligkeiten sind Charaktere unentbehrlich, welche ihnen Einheit durch ihren Geister- oder Zauberkreis verleihen, der aber hier nur Körper, nicht Geister ausbannt. Auch der Reiseroman, wie das Tagebuch, bleibt, wenn nicht die Breite des Raumes und die Länge der Zeit betäubend mit Zufällen überschwemmen sollen, der stillen leitenden Einheit eines Charakters unterthänig. Der Dichter versteckt seine durchsichtigen Flügel unter die dicken Flügeldecken des Körperreichs, zumal im ruhigen Gehen; wenn er aber die Flügel über der Erde bewegt, so hält er die Decken wenigstens aufgespannt, wenn auch ungeregt. – Sogar das Mährchen heftet seine Glanzthautropfen und Perlen an das unsichtbare Nachsommergespinnste einer freien Bedeutung an. – Sind noch unbedeutendere Winke erlaubt? Ich meine z. B. etwa folgende:

Um sinnliche Genüsse ohne Abbruch sittlicher Theilnahme zu malen, gebe man sie z. B. nicht nur einem ungebildeten Verarmten, sondern auch einem gebildeten Kranken; – so nehmen wir sittlich-froh und gönnend mit Thümmels siechem Helden jeden Leckerbissen; der matte Mann braucht es, sein Magen ist sein Schild, seine Hypochondrie sein Tischgebet. Setzt er sich aber ausgeheilt oder sein Überrascher vollblühend an den Schwelgertisch: so verwandelt sich der Leser fast in den Pater, der dem essenden Refektorium gute Predigten vorlieset. – Überall stellt sich sinnlicher Genuß sittlich und poetisch durch die Bedingungen der Entbehrung und der Nothwendigkeit dar.

Ferner: es ist an sich ein guter Kunstgriff, Sachen, die man noch halb verschleiert zeigen will, durch Voreiligkeit oder Misverständnis der Bedienten und Kinder halb zu entschleiern; nur aber wird die Allwissenheit des Dichters uns willkürlich zu geben und zu nehmen scheinen, wenn er nicht durch das Werk selber den strengsten Gehorsam gegen das Gesetz beweist, durchaus nichts zu erzählen als nur Gegenwart.

Ferner: da die Phantasie des Lesers in ihrem kurzen Fluge mehr wächset als die des Dichters im langen, weil jene in dessen

Werke alle die neuen Bilder, Flammen und Stürme vielleicht in Einem halben Tage empfängt und zu einer Wirkung aufhäuft, welche die dichterische erst durch Schöpfungen einzeln überkommt und nacheinander hinreiht, noch abgerechnet des Dichters Ausglühen durch häufiges Anglühen von der nämlichen Sache: so darf schon derselbe bei seinem Leser mehr Entflammung und Kühnheit voraussetzen, als er selber noch behalten, und darf der von ihm so schnell befiederten und beflügelten Phantasie schon Nachflüge seiner Vorflüge zumuthen. Es wäre zu wünschen, jeder wüßte, wie der Leser ist – angezündet vom Autor, unternimmt und überfliegt er alles, unter eignen Flügeln vergißt und vergibt er die fremden Sprünge. Daher setze doch ein Autor, der einen steinigen Ziel-Weg zu durchschreiben hat, seine voreilenden erwärmten Leser voraus, um welche schon sein Abendroth schwebt und sein Farben-Ziel.

Ferner: ein kleiner Umstand überrascht durch eine große Wirkung desto mehr, je früher er da war; nur werd' er durch zufälliges Wiederholen gegen Vergessen bewahrt.

Deßgleichen: verschonet uns mit einer langen Reiheschank von Liebetränken (philtris), mit einer goldnen Erbskette aufgefädelter verliebter Herzen, mit einer Baumschnur umhalseter Wesen – die Liebe sieht ungern sich vervielfacht aufgeführt, blos weil sie nur in ihrem höchsten Grade ideal ergreift, der aber wenige Wiederholungen erlaubt. Die Freundschaft hingegen verlangt und achtet Genossenschaft; ein Gärtchen mit zwei Liebenden und deren Kindern in den Blumen und ein Schlachtfeld voll verbunden kämpfender Freunde erheben gleich hoch.

Sogar die Kleinigkeit des Namen-Gebens ist kaum eine. Wieland, Goethe, Musäus wußten ächt deutsche und rechte zu geben. Der Mensch sehnt sich in der kleinsten Sache doch nach ein wenig Grund; „nur ein Gründchen gebt mir, so thu' ichs gern", sagt er. Niemand theilte z. B. Homer und den Theophrast in 17 oder 29 Bücher, sondern – das war das Gründchen – in 24 nach Zahl der Buchstaben. Die Juden, um 2 Buchstaben anfangs ärmer, ließen sich folglich 22 biblische Bücher gefallen. Man sieht es ungern, wenn die Kapitel eines Werks mit ungerader Zahl beschließen, ich nehme aber 3, 5, 7, 9, 11, 25, 99 aus. Ohne besondern Anlaß wird kein Mensch am Dienstage oder Donnerstage eine große Änderung seiner Lebens-Ordnung anheben: „an andern

Tagen", sagt er, „weiß ich doch, warum, sie sind gewissermaßen merkwürdig." – So sucht der Mensch im Namen nur etwas, etwas Weniges, aber doch etwas. Torre-Cremada oder La tour brulée, deßgleichen Feu-ardent hießen (kann er versichern aus Bayle) schon über der Taufschüssel zwei Mönche, welche die halbe religiöse Opposizionspartei froh verbrannten.

Unausstehlich ist dem deutschen Gefühle die brittische Namensvetterschaft mit der Sache; – wozu Hermes früher die häßlichsten Proben an den Herren Verkennt und Grundleger und neuerlich an Herrn Kerker und überall geliefert. Aber ganz und gar nichts soll wieder kein Name bedeuten, besonders da nach Leibnitz doch alle Eigennamen ursprünglich allgemeine waren, sondern so recht in der Viertels-Mitte soll er stehen, mehr mit Klängen als mit Sylben reden und viel sagen, ohne es zu nennen, wie z. B. die Wielandschen Namen: Flock, Flaunz, Parasol, Dindonette etc. So hat z. B. der uns bekannte Autor nicht ohne wahren Verstand unbedeutende Menschen einsylbig: Wutz, Stuß getauft, andere schlimme oder scheinbar wichtige mit der Iterativ-Sylbe -er: Lederer, Fraischdörfer – einen kahlen, fahlen: Fahland u.s.w. Was die Weiber anbelangt: so erstreckt sich das indische Gesetz, daß der Bramine stets eines mit einem schönen Namen heirathen soll, bis in die Romane herüber; jede Heldin hat neuerer Zeiten, wenn auch keine andere Schönheit, doch diese, nämlich eine welsche Benennung statt eines welschen Gesichts.

Der letzte, aber vielleicht bedeutendste Wink, den man Romanenschreibern geben kann und schwerlich zu oft, ist dieser: Freunde, habt nur vorzüglich wahres, herrliches Genie, dann werdet ihr euch wundern, wie weit ihrs treibt! –

NACHWORT DER HERAUSGEBER

Der europäische Prosaroman, im 17. Jahrhundert in Frankreich und Deutschland noch beurteilt nach seiner Nähe zur eschatologisch verstandenen Historie, emanzipiert sich von diesen metaphysischen Begründungen und erreicht theoretische Wertschätzung in einer Zeit, die die Entgötterung der Natur, die Säkularisierung der Geschichtsvorstellung, die Entmythologisierung der Wissenschaften eifrig betreibt und den aufgeklärten Bürger aufruft, seine Gemütskräfte und die Anstrengung des Gedankens empirisch wahrzunehmen und zum Zwecke der endlichen Glückseligkeit frei in die Tat zu setzen. Dieser gesamteuropäische Vorgang ergreift innerhalb der universitas literarum auch die Dichtung. Von den Säkularisierungstendenzen der Epoche mußte die Poesie in Frankreich, vor allem aber in Deutschland, in ihrem Eigensten sich bedroht fühlen: in der überlieferten Vorstellung höfisch-akademischer, ebenso universaler wie aparter Bildung, in ihrem klassizistisch kanonisierten Formenbestand sowie in ihrem autonom metaphysischen Wahrheitsanspruch. In England dachte man kaum jemals so leidenschaftlich klassizistisch oder normativ, als daß literarische Gebrauchsformen, die Pragmatik des öffentlichen Umgangs und der Kommunikation überhaupt, nicht ungleich stärkeren Einfluß auf die Dichtung hätten ausüben können. Thematische Anregungen und Formelemente aus den Organen der puritanisch bürgerlichen Presse, den „moral weeklies", haben die Romanepik in England selbstverständlich gefördert (Defoe, Richardson), weil man dort über Prosaformen und ihre Kunstfähigkeit weitaus liberaler dachte als anderswo. Der Roman, als literarische Form bis dahin im klassizistischen Kanon nicht vertreten, konnte sich in England weitaus freier und sachlicher entwickeln als in Deutschland. Fr. Schlegel hat die Situation der im Hinblick auf ihre angelsächsischen und romanischen Nachbarn lernwilligen deutschen Dichtkunst in der 14. seiner Vorlesungen über „Geschichte der alten und neuen Literatur" im Frühjahr 1812 an der Universität Wien so charakterisiert:

„An und für sich ist der Materialismus der Dichtkunst ungünstig, und für die Fantasie ertötend. Wer wirklich von der Lehre des Helvetius überzeugt ist, für den muß aller Zauber der Poesie verlorengehen.

Auf der andern Seite standen die Freiheitsliebe und die Naturvergötterung, wie sie besonders bei Rousseaus Nachfolgern aus der neuen Philosophie hervorgingen, sehr im Widerspruch mit der Regelmäßigkeit [...] Daher entstand auch ein geheimer innerer Widerstreit und ein fortdauerndes Streben sich der strengen Herrschaft jener Regelmäßigkeit zu entziehen, was teilweise in eine förmliche Rebellion des Geschmacks ausbrach, und endlich eine völlige, wenngleich nur vorübergehende literarische Anarchie noch vor der politischen herbeiführte. Daher die Vorliebe für die englische Poesie [...] Eben daher mußte der Roman die Lieblingsgattung besonders für solche werden, deren Naturbegeisterung in den alten Formen sich gar nicht aussprechen konnten; denn diese Form, wenn man sie so nennen kann, war frei von allen den Fesseln, denen man sonst in der eigentlichen Poesie unvermeidlich unterlag [...] Betrachtet man den Roman als eine eigene Gattung der Poesie, und als regelmäßig erzählende Darstellung in Prosa, von Begebenheiten aus dem jetzigen gesellschaftlichen Leben; so haben auch in dieser Gattung die französischen Schriftsteller nicht selten die Engländer zum Vorbilde nehmen müssen, und kommen ihnen wohl nicht darin gleich. Als Erfinder und Darsteller nimmt hier vielleicht Richardson die erste Stelle ein."

Was in England unbefangen und fast selbstverständlich sich vollzieht, das entwickelt sich in Deutschland unruhiger und widersprüchlicher. Man denke nur an jene poetologischen Positionen, die zwischen dem barocken Sprachmythos Böhmes und dem szientifischen Ergon-Sprachbegriff Leibnizens bzw. zwischen der hyperbolischen spekulativen Metapher des alter deus und der allgemeinverständlichen und rational nachkonstruierbaren Mimesis des common sense (frühaufklärerische Regelpoetik) in Bewegung geraten. Aus dieser krisenhaften Umwälzung hilft die Poesie in Deutschland dadurch sich selbst, daß sie mit Hilfe formaler Einfälle gerade das integriert, in sich aufnimmt, praktisch und theoretisch verwandelt und assimiliert, was vordem als Bedrohung ihr gegenüberstand. Der grassierenden rationalistischen Auszehrung und Dürre wird mit prosaepischen Formen, die sich ihrer annehmen, Einhalt geboten. Die stetig anwachsende Kunst- und Gesellschaftsfähigkeit des Romans im 18. Jahrhundert bezeichnet einen Prozeß, in dessen Verlauf die Poesie einem ersten Angriff des anbrechenden wissenschaftlichen Zeitalters sich stellt, ihn auffängt und neuen Themen und Anforderungen sich gewachsen zeigt. Während sie qualitativ sich verändert, macht die weiterschreitende Entwicklung bis hin zur Genievorstellung und zur klassischen Ästhetik Schillers doch deutlich, daß es ihr fast zu reibungslos gelingt, das seit Antike, Humanismus und Barockklassizismus aufgesetzte Gesicht zu wahren. Dazu einige Ausführungen.

Die These des aufklärerischen Rationalismus, daß diese Welt und ihre natürliche und gesellschaftliche Wirklichkeit als eine vernünftige unmittelbar erfahrbar und begreifbar sei, erreicht über eine einfältig vorgenommene definitorische Sprachregelung auch die Poesie mit der erklärten Absicht, sie von den angeblich falschen Göttern freizusprechen. Die „Poeterey [...] als eine verborgene Theologie und unterricht von Göttlichen sachen" (Opitz) samt ihrer virtuosen Kunstmittel und der eindeutig wirkungsästhetischen Richtung auf religiös und politisch mehr oder minder Untertänige im Glauben wird nun im Sinne bürgerlichen Utilitätsdenkens kritisiert. Sie soll zukünftig Einsichten in die Gesetzmäßigkeit der Natur und in die Beschaffenheit der menschlichen Seele liefern und über deren Kultivierung und Beherrschung dem Zwecke dienen, Glückseligkeit dem Einzelnen und Wohlfahrt der Gesellschaft zu sichern. Übersetzt in den Verstand der Zeit, bedeutet das, daß auch die Poesie zum Handlanger des banausisch existierenden Selbstzwecks Mensch werden soll, der Natur, Wissenschaften und Künste, schließlich den Schöpfungsplan selbst für Mittel der unmittelbaren Lebensfristung ansieht und solcherart zu gebrauchen sich anschickt. Den bornierten bürgerlichen Hausverstand, von dem sich unverkennbare Spuren in den Wochenschriften, in der Lehrdichtung und in den Erbauungsbüchern der Zeit finden, hat Voltaire im „Candide" verspottet und Kant wiederholt kritisch zurechtgewiesen. Die Schriftsteller und mithin die Dichtung stellen sich dieser Gefahr einer rationalistischen zweckmäßigen Reduktion der Künste auf ihre Weise, indem sie der beschriebenen Intention quasi in arti-

fizieller Paraphrase, in „Form" des Romans begegnen, d. h. sie
„fiktiv" akzeptieren und damit in ihrem unmittelbaren Anspruch aufheben. Es ist überaus charakteristisch, daß für den Ty-
pus des bürgerlichen empfindsam räsonierenden bzw. exemplari-
schen Familienromans, der im 18. Jahrhundert den Ton angibt,
und noch für Wieland und den jungen Goethe, die Betonung der
„wahren Geschichte" gegenüber dem erdichteten, wunderbaren
und unwahrscheinlichen Romangeschehen über alles geht. Die
Aufrechterhaltung der Wirklichkeitsfiktion ist für die Glaub-
würdigkeit der immanent didaktischen Tendenz dieser Romane von höchstem Wert. Das doppelte Spiel, zu dem der Roman der Aufklärung genötigt ist, will er dem Auftrag der
Epoche und seinem formalen Telos gleichermaßen gerecht werden, kommt hierin eindrucksvoll zur Geltung. Einerseits betreibt
er scheinbar ernsthaft die unterhaltsame Verbreitung zeitgenös-
sischer Lehren und unterstreicht damit den zeitgeschichtlichen
Funktionscharakter der epischen Fiktion, macht sie zugleich relativ immun gegenüber dem modischen Verdikt des letzten Jahr-
hundertdrittels, das zusammen mit der zur Empfindelei dena-
turierten Empfindsamkeit nach wie vor den Roman betrifft und
nicht müde wird, ihn unter den tradierten Prädikaten: geistlose
Marotte, Trugschluß, Verführung von Leib und Seele, zu verur-
teilen. Anderseits verleiten ihn seine fiktiven Möglichkeiten immer wieder zu dem Versuch, den aufgenommenen Lehren, An-
schauungen, Standpunkten auf die Schliche zu kommen, sie
sprachlich zu verwandeln und zu diskutieren, sie – gleichsam
konfigurativ – sich begrenzen und relativieren zu lassen. In solcher Doppeleigenschaft, noch das gewagteste Spiel der Phantasie fiktiv auf Realität zu verpflichten und vice versa die behauptete Authentizität sprachimmanent durch das Spiel der epischen Phantasie in Frage zu stellen, – darin ist der Roman historisch gesehen die spezifische Form der bürgerlichen Diesseitsgläubigkeit und deren Aufhebung in eins! – Mit Sterne in England und Wieland in Deutschland hat er dieses Selbstbewußtsein
sublim ausformuliert und soweit gefestigt, daß post festum die
Theorie zu ersten Ansätzen ermuntert wird, von der klassizistischen Norm und der frühaufklärerischen Regelpoetik abzulas-
sen und ein mehr empirisches Verfahren, die historisch beschrei-
bende Romankritik, zu erproben. Hält sich Blanckenburg auch

nur an die wenigen Spitzenleistungen der Gattung, so ist ihm doch klar, daß ästhetische Theorie nicht mehr verordnet werden kann. Am Schluß seines „Versuchs über den Roman" (1774) heißt es deutlich genug: „Es sey ferne von mir, dem Genie Gränzen vorzeichnen zu wollen." –

Die mögliche Affinität zur Wirklichkeit, die dem Roman an seiner Wiege unablässig gesungen wird, macht er sich scheinbar zu eigen; aber nur, um im Schutze der Fiktion das zur Sprache zu bringen, wovon Mimesis, d. h. vordergründige Realität (bürgerlicher Fortschrittsoptimismus) und diejenigen, die solchen objektiven Schein bloß reproduzieren, sich nichts träumen lassen (Subkulturen: die mächtig anschwellende Produktion bloßer Unterhaltungslektüre, triviale Erbauungs- und Abenteuerromane; vgl. hierzu Geschichts- und Romanen-Litteratur der Deutschen. Zur Kunde der unterhaltenden prosaischen Schriften aus dem Gebiete der Wissenschaften in einem Verzeichnis von 2866 der vorzüglichsten Schriften mit Preisen, welche in einem Zeitraum von einem halben Jahrhundert erschienen sind. Breslau bey Wilhelm Gottlieb Korn 1798). Die aufklärerisch naive Forderung nach einer zwar unterhaltsamen, aber auch praktischen und nützlichen Poesie und deren Aufhebung in und durch die epische Fiktion führt einerseits zur Selbstbesinnung der Schriftsteller auf die empirischen Voraussetzungen ihrer Kunst, anderseits zur kritischen Durchdringung dieser vorausgesetzten Empirie auf ihre treibenden Motive und Konsequenzen hin. Was im Rahmen einfacher Nachahmung uneinsichtig bleiben muß, das erschließt die epische Phantasie, die die Erfahrung des Vorgegebenen selber problematisiert. Mit der Frage wie Realität erfahren werden kann, steht und fällt seither die Möglichkeit epischer Darstellung. Ihr fiktionaler Blick ist auf die Neubegründung gegenständlicher Welterfahrung gerichtet, er gleitet ab an dem scheinbar objektiven Zusammenhang der Dinge und Verhältnisse an sich und erweist sie somit als nichts Letztes. F. W. J. Schelling im „Ältesten Systemprogramm des deutschen Idealismus" (1796) sowie F. Schlegel und Novalis wußten sehr gut um diese Zusammenhänge, vor allem um die Vorläufigkeit des Empirischen und seiner Abbildbarkeit, da sie die Schaffung einer neuen Mythologie, analog der antiken, als Grundlage und Ziel der „transzendentalen Universalpoesie" nachdrücklich vertraten. Dieser Gedanke entwickelte sich schließlich zum Fundament für eine Romanlehre, die Naturgeschehen und Geschichte des Menschen in ihrer Gesamtheit für literaturfähig, d. h. für potentiell artefakt erklärte, und im Roman synthetisiert verwirklicht wissen wollte. Durchaus dialektisch avanciert der Prosaroman entmythologisierend zum Organ neuer Mythenbildung. Der neue Mythos, von Schelling und Fr. Schlegel initiiert und beschworen als Konstituens einer absoluten Ästhetik oder „sinnlichen Religion", die dem Roman aufbürdet, universalen Realitätsgehalt historisch allverbindlich zum Ausdruck zu bringen, ist schon in seinen frühromantischen Anfängen praktisch und theoretisch dadurch gezeichnet, daß er nur in bestimmter Negation des Bestehenden bzw. Geschaffenen vermittelt werden konnte. (Dieser Gedanke, der das Problem der „romantischen Ironie" beinhaltet, ist von G. Lukács, W. Benjamin und Th. W.-Adorno in bekannten geschichtsphilosophischen Essays zum Roman bzw. Erzähler weitergedacht worden.) Dem unerfüllten Anspruch entwächst die Figur der romantischen Sehnsucht oder die Figur der inhaltlich unbestimmten Utopie, die von sich wenig mehr auszusagen weiß, als daß ihr Reich nicht von dieser Welt sei. – Es bleibt für den Wissenschaftler die Frage, inwieweit diese Ideen, von Fr. Schlegel metaphorisch und aphoristisch notiert, jemals das Niveau praktischer Vernunft erreicht haben. Der Gestus der Parekbase, der sogenannten „romantischen Ironie", und ihre vorgeblich unendliche Erhabenheit über endliche Realität, als das letzte Wort zum Thema, läßt unausgesprochen eine gewisse Resignation vor den Aporien des universalpoetischen Anspruches vermuten. –

An der „transzendentalen" Hinterlassenschaft, an der Aufgabe, „sokratischer Dialog seiner Zeit" zu sein, d. h. pragmatische, begriffliche, imaginierte Rede von den Mythen des objektiven Scheins zu erlösen, ihrem Selbstbewußtsein zuzuführen und so ihren historisch verbindlichen Sinn sicherzustellen, arbeitete der Roman auch im 19. und 20. Jahrhundert. Nur hat sich seit Balzac, Zola und Tolstoi, Kafka, Musil und Thomas Mann das zentrale Thema auf Grund der fortgeschrittenen wissenschaftlich technischen Entwicklung sowie der gesellschaftspolitischen Geschichte weiter zugespitzt. Die transzendentale Thematik des Romans, wie Erfahrung der Realität möglich sei, kann heute nicht mehr überwiegend Gegenstand überlegener Lust am Fabulieren sein, kaum noch das Ziel distanzierter, ungefährdeter Kontemplation. Bezogen auf den Romangegenstand ist der Schriftsteller wie sein Leser immer zugleich als imaginierende Vorstellung und sinnvollziehendes Verstehen, als episches zoon politikon und existierender Begriff zugegen und angesprochen. In der Fähigkeit des künstlerischen Formulierens sowie des wissenschaftlichen Erkennens reflektiert sich nicht einfach das Bild des Menschen und seiner Wirklichkeit mit allen Möglichkeiten und Leistungen, Defizienzen und Deformationen; in der Form der Darstellung und in der Form des Verstehens liegen Chance und Risiko dicht beisammen: in ihnen scheitert dieses Bild oder berichtigt sich selbst. Es gibt sich zu erkennen nach beiden Seiten hin als das handelnde Bewußtsein, als das Wesen, das die Vermittlung nicht außer sich hat, sondern diese selbst ist. War der Roman der Aufklärung die bürgerlich emanzipatorische Form der Poesie, die populäre Diesseitsgläubigkeit (thematische Gegenstände) und deren kritische Diskussion (fiktive Durchführung: Fabel, Konfiguration, sprachliche Differenzierung) darzustellen imstande war, so ist er heute unter weitaus schwierigeren Bedingungen der Erfahrung von Realität und ihrer sprachlichen Formulierung nur um so konsequenter und radikaler auf diese seine Aufgabe eingeschworen. Freilich ist der Roman keine spezifisch bürgerliche Form mehr. Die bürgerliche Aufklärung hatte in dem Prozeß der Naturbeherrschung durch wissenschaftlichen und technischen Fortschritt einen eudämonistischen Sinn gesehen, der das Nötige für eine befriedete und befriedigte Existenz aller Menschen bereitzustellen verhieß; sie ahnte noch nicht das Umschlagen erarbeiteten Potentials in administrative Gewalt, die der Aufrechterhaltung ihrer eigenen Ideologie, dem ursprünglichen Sinn entgegengesetzt, dienen sollte. In den Romanen Kafkas und in Musils „Mann ohne Eigenschaften" sind die Grundzüge, bei Musil auch die Ursachen der künftigen Entwicklung evident geworden, ohne daß diese Werke in ihrer Zeit von den Nahestehenden hätten verstanden werden können; sie wurden erst nach dem zweiten Weltkrieg gelesen und studiert. In ihnen übersteht der Roman noch die total verwaltete Wirklichkeit, in der er, nach einem Einfall Fr. Schlegels, ohne Chance sei:

„In allen Versuchen, die prosaische Wirklichkeit durch Witz

und Abenteuer, oder durch Geist und Gefühlserregung zu einer Gattung der Dichtkunst zu erheben, sehen wir die Verfasser immer auf irgend eine Weise eine poetische Ferne suchen [...] wenn auch die Begebenheit ganz im Lande und in der Sphäre des einheimischen bürgerlichen Lebens spielt, immer strebt die Darstellung, so lange sie noch Darstellung bleibt, und nicht bloß in ein Gedankenspiel der Laune, des Witzes und des Gefühls sich auflöst, auf irgend eine Weise aus der beengenden Wirklichkeit sich herauszuarbeiten, und irgend eine Öffnung, einen Eingang zu gewinnen in ein Gebiet, wo die Fantasie sich freier bewegen kann [...] Der Begriff des Romantischen in diesen Romanen, selbst in vielen der bessern und berühmtesten, fällt meistens ganz zusammen mit dem Begriff des Polizeiwidrigen. Ich erinnere mich hiebei der Äußerung eines berühmten Denkers, welcher der Meinung war, daß bei einer durchaus vollkommenen Polizei, (wenn der Handelsstaat völlig geschlossen, und selbst der Paß der Reisenden mit einer ausführlichen Biographie und einem treuen Portraitgemälde versehen sein wird) ein Roman schlechtweg unmöglich sein würde, weil alsdann gar nichts im wirklichen Leben vorkommen könnte, was dazu irgend Veranlassung, oder einen wahrscheinlichen Stoff darbieten würde." (12. Vorlesung über „Geschichte der alten und neuen Literatur".)

In der Tat, es mag scheinen, der Roman sei unter solchen Verhältnissen unmöglich. Jedoch hat Fr. Schlegel die robuste Form hier ebenso unterschätzt, wie er sie andernorts überfordert. Die epische Phantasie bedarf nicht des freien Spielraums, den ihr die hermetische Industriegesellschaft sogar noch einrichtet, um zu überleben; sie richtet sich mit ganzer Kraft auf diese selbst und auf ihre vielfach undurchschauten Vergehen, damit der Spielraum der Freiheit nicht bloß ästhetisch bleibe. Nicht der „wahrscheinliche Stoff", das Unwahrscheinliche und Ungeheuerliche im Rücken scheinbarer Ordnung und Prosperität motiviert heute das Erkenntnisinteresse der epischen Fiktion. Jenseits dieser Aufgabe erst wäre der Roman am Ende! –

Zum Text: Die aufgenommenen Texte bieten die Schreibweise der Erstdrucke bzw. die der vorhandenen kritischen oder wissenschaftlich zuverlässigen Ausgaben. Umlaute sind modernisiert, Kursivüberschriften sind von den Herausgebern eingesetzt.

QUELLENVERZEICHNIS

1 Georg Christoph Lichtenberg: Über den deutschen Roman; aus dem Nachlaß. Abgedruckt nach G. Ch. Lichtenbergs Vermischten Schriften. Neue vermehrte, von dessen Söhnen veranstaltete Originalausgabe, 14 Bde., Göttingen: Dieterich'sche Buchhandlung 1844–1853, Bd. 2, S. 215–221.

2 Johann Heinrich Merck: Über den Mangel des epischen Geistes in unserm lieben Vaterlande, zuerst in: Der Teutsche Merkur, begr. von Ch. M. Wieland, Weimar 1773 ff.; 1778, 1. Vierteljahr, S. 48 ff. Abgedruckt nach J. H. Merck's ausgewählten Schriften zur schönen Literatur und Kunst. Ein Denkmal, hrsg. von A. Stahr, Oldenburg: Schulzesche Buchhandlung 1840, S. 175–180. Photomechanischer Neudruck in der Reihe Texte des 19. Jhs., hrsg. von W. Killy, Göttingen: Vandenhoeck & Ruprecht 1965.

3 Theodor Gottlieb von Hippel: Lebensläufe nach aufsteigender Linie nebst Beylagen A, B, C, 3 Teile, 4 Bde., Berlin: Voß 1778–1781. Abgedruckt nach Th. G. v. Hippels Sämtlichen Werken, 12 Bde., Berlin: G. Reimer 1828–1839, *Romanhafte Darstellung als sichtbare Rede*, Bd. 2, S. 1–2; *Die Wahrheit der Charaktere*, Bd. 2, S. 50–51; *„Alles in der Welt ist Roman"*, Bd. 4, S. 413–415.

4 Friedrich Heinrich Jacobi: Vorbericht zu Eduard Allwills Papiere; Erstfassung in: Der Teutsche Merkur, begr. von Ch. M. Wieland, Weimar 1773 ff.; 1776, 2. Vierteljahr, S. 14–75; 3. Vierteljahr, S. 57–71; 4. Vierteljahr, S. 229–262. Photomechanischer Neudruck mit einem Nachwort von H. Nicolai, Stuttgart: Metzler 1962. – *Das Exempel der individuellen Existenz*, S. 14–15 und S. 18.

5 Friedrich Heinrich Jacobi: Brief vom 16. Juni 1783 an J. G. Hamann. Abgedruckt nach F. H. Jacobis Werken, 6 Bde., Leipzig: G. Fleischer d. Jüngere 1812–1825, *Gewissenhafter Entwurf begreiflicher oder unbegreiflicher Menschen*, Bd. 1, S. 363–367.

6 Friedrich Heinrich Jacobi: Vorrede zu Allwills Briefsammlung (Ausgabe von 1792 bei Nicolovius in Königsberg). F. H. Jacobis Werke, 6 Bde., Leipzig: G. Fleischer d. Jüngere 1812–1825, *Funktion und Absicht der Fiktion*, Bd. 1, S. IX–XVI.

7 Johann Heinrich Jung-Stilling: Antwort auf einen Leserbrief, in: Rheinische Beiträge zur Gelehrsamkeit 1779, Bd. 1, S. 291 ff.; *Die göttliche Fürsicht im romantischen Kleide*, S. 291–293.

8 Johann Karl Wezel: Vorrede zu Herrmann und Ulrike, ein komischer Roman, 4 Bde., Leipzig: Dykische Buchhandlung 1780. Text

nach der Neuausgabe hrsg. von C. G. v. Maassen, München: Georg
Müller 1919, *Thema, Technik und poetische Wahrscheinlichkeit der
bürgerlichen Epopoe*, S. XLIV–XLVIII.

9 Johann Joachim Eschenburg: Entwurf einer Theorie und Litteratur
der schönen Wissenschaften. Zur Grundlage bei Vorlesungen, Berlin
u. Stettin: Fr. Nicolai 1783. Abgedruckt nach der zweiten neuen
umgearbeiteten Ausgabe, ebd. 1789; Rhetorik, V. Historische
Schreibart, 3. Romane, S. 335–344.

10 Karl Philipp Moritz: Vorreden zu Teil 1 und Teil 2 des Anton Reiser. Ein psychologischer Roman. Vorabdrucke des Romans in: Ma-
gazin zur Erfahrungsseelenkunde als ein Lehrbuch für Gelehrte und
Ungelehrte. Mit Unterstützung mehrerer Wahrheitsfreunde von
C. Ph. Moritz, 1783, Bd. 2, Stück 1, S. 76–95 und Stück 2, S. 23–36.
Der Roman erschien dann in 4 Teilen 1785–1790 bei F. Maurer in
Berlin. Die hier aufgenommenen Vorreden sind der Neuausgabe in
der Reihe Deutsche Literaturdenkmale des 18. und 19. Jhs., Bd. 23,
hrsg. von L. Geiger, Heilbronn: Gebr. Henninger 1886, entnommen;
*Der psychologische Roman als innere Geschichte oder Biographie des
Menschen*, S. 3 und S. 105.

11 Johann Gottfried Herder: Briefe zur Beförderung der Humanität,
10 Sammlungen, Riga: J. F. Hartknoch 1793–1797. Nach Herders
Sämtlichen Werken, 33 Bde., hrsg. von B. Suphan, Berlin: Weidmann 1877–1913; *Die unbeschränkten Möglichkeiten der Poesie in
Prosa*, Bd. 18, S. 107–110 (8. Sammlung, Brief 99, 1796).

12 Friedrich Maximilian Klinger: Vorrede zu den Romanen, zuerst
1798 als „Avis au lecteur" in der Jenaer Literaturzeitung, Intelli-
genzblatt zu Nr. 89 unter dem Titel Nachricht an das Publikum
über die philosophischen Romane von Fausts Leben Taten und Höl-
lenfahrt bis zum *** veröffentlicht. Gleichzeitig wurde die Vorrede der zweiten Auflage der Geschichte Raphaels de Aquillas, in
fünf Büchern. Ein Seitenstück zu Fausts Leben Taten und Höllen-
fahrt, St. Petersburg (= Leipzig: Jacobäer) 1798 (1. Aufl. ebd. 1793)
beigegeben. Hier zitiert nach F. M. Klingers Sämtlichen Werken,
12 Bde., Stuttgart: Cotta 1842; *Romanzyklus und enzyklopädische
Möglichkeiten*, Bd. 3, S. III–XIII.

13 Friedrich Maximilian Klinger: Betrachtungen und Gedanken über
verschiedene Gegenstände der Welt und Literatur, 3 Bde., Köln:
Hammer 1803–1805. Nr. 776 und 777 abgedruckt nach F. M. Klingers Sämtlichen Werken, 12 Bde., Stuttgart: Cotta 1842; *Weltmarkt
und Roman – scheußliches Schauspiel und romantisches Buch von
der Tugend*, Bd. 12, S. 255–256.

14 Madame de Stael: Versuch über die Dichtungen, übersetzt von J. W.
v. Goethe, zuerst in: Die Horen. Eine Monatsschrift, hrsg. von F.

Schiller, Tübingen: Cotta 1795–1797. Photomechanischer Neudruck Stuttgart: Cotta 1959 in sechs Doppelbänden und einem Beiband (Einführung und Kommentar von P. Raabe); Jg. 1796, Bd. 5, Stück 2, *Die drei Klassen der Poesie*, S. 22–23; *Das Wunderbare im Epos und im Ritterroman*, S. 26–27; *Roman und Historie*, S. 37–38; *Die philosophische Intention des Romans: öffentliche Moralität*, S. 39–45; *Überzeugung zur Tugend durch Rührung*, S. 47–50 und S. 53–55.

15 Johann Wolfgang v. Goethe: Wilhelm Meisters Lehrjahre. Ein Roman, 4 Bde., Berlin: Unger 1795/96. Zitat aus dem 5. Buch, 7. Kapitel nach der Hamburger Ausgabe, 14 Bde., textkritisch durchgesehen und mit Anmerkungen versehen, hrsg. von E. Trunz, Hamburg: Wegner 1948–1960, *Roman und Drama*, Bd. 7, S. 307–308.

16 Johann Wolfgang v. Goethe: Briefe an Schiller aus dem Jahre 1796. Abgedruckt nach der Gedenkausgabe der Werke, Briefe und Gespräche in 24 Bden., hrsg. von E. Beutler, Zürich: Artemis 1948–1963, Bd. 20, *Das Stadtpublikum*, S. 387; *Romane in Briefen. Über Hermann und Dorothea*, S. 472–474.

17 Johann Wolfgang v. Goethe und Friedrich Schiller: Über epische und dramatische Dichtung, entstanden 1796/97, zuerst in: Kunst und Altertum 1827, Bd. 6, Heft 1. Abgedruckt nach der Artemis-Gedenkausgabe Bd. 14 (Schriften zur Literatur), S. 367–370.

18 Johann Wolfgang v. Goethe: Maximen und Reflexionen, aus dem Nachlaß, nach der Hamburger Ausgabe Bd. 12, *Der Roman als subjektive Epopoe*, S. 498.

19 Friedrich Schiller: Vorerinnerung zu den Philosophischen Briefen des Julius an Raphael. Die ursprüngliche Konzeption entstammt der Akademiezeit. Das in den Philosophischen Briefen ausführlich zitierte Anthologiegedicht (Anthologie auf das Jahr 1782) „Die Freundschaft" trug dort die Bezeichnung Aus den Briefen Julius' an Raphael, einem ungedruckten Roman. Zuerst veröffentlicht in: Thalia, hrsg. von F. Schiller, 3 Bde., 12 Hefte, Leipzig: Göschen 1786–1791; Jg. 1786, Heft 3, S. 100–139. Hier abgedruckt nach Schillers Werke, Nationalausgabe, begr. von J. Petersen, hrsg. von L. Blumenthal und B. v. Wiese, Weimar: Böhlau 1943 ff., Bd. 20 (Philosophische Schriften, 1. Teil), *Die Geschichte der Vernunft*, S. 107–108.

20 Friedrich Schiller: Über naive und sentimentalische Dichtung, zuerst in: Die Horen. Eine Monatsschrift, hrsg. von F. Schiller, Tübingen: Cotta 1795–1797. Photomechanischer Neudruck Stuttgart: Cotta 1959; Jg. 1795, Bd. 4, Stück 11, S. 43–76: Über das Naive; Jg. 1796, Bd. 5, Stück 1, S. 75–122: Beschluß der Abhandlung über naive und sentimentalische Dichter, nebst einigen Bemerkungen

einen charakteristischen Unterschied unter den Menschen betreffend. Hier nach Schillers Werke, Nationalausgabe, Bd. 20 (Philosophische Schriften, 1. Teil), *Der sentimentalische Charakter im Roman*, S. 459–460; *Der Romanschreiber als Halbbruder des Dichters*, S. 461–463; *Überspannte Empfindung und moralische Realität*, S. 483–485.

21 Friedrich Schiller: Briefe an Goethe aus den Jahren 1796/97; abgedruckt nach der Artemis-Gedenkausgabe, Bd. 20 (Der Briefwechsel zwischen Goethe und Schiller), *Über Wilhelm Meister*, S. 194–198, 202–206, 211, 213–215, 443–444.

22 Friedrich Hölderlin: Brief vom Juli 1793 an Neuffer. Große Stuttgarter Ausgabe, bisher 6 Bde., hrsg. von F. Beißner, Stuttgart: Kohlhammer 1943 ff., Bd. 6, 1 (Briefe), hrsg. von A. Beck, *„Terra incognita im Reich der Poesie"*, S. 86–87.

23 Friedrich Hölderlin: Vorrede zum Thalia-Fragment von Hyperion, zuerst in: Neue Thalia, hrsg. von F. Schiller, 4 Bde., jeweils 3 Stücke, Leipzig: Göschen 1792/93; Jg. 1793 (erschienen 1794), Bd. 4, Stück 5, S. 181–221. Abgedruckt nach der Großen Stuttgarter Ausgabe, Bd. 3 (Hyperion), *„Die exzentrische Bahn des Menschen"*, S. 163.

24 Friedrich Hölderlin: Vorrede zu Hyperion oder Der Eremit in Griechenland, Tübingen: Cotta 1797–1799. Große Stuttgarter Ausgabe, Bd. 3, *„Auflösung der Dissonanzen in einem Charakter"*, S. 5.

25 Friedrich Bouterwek: Philosophie der Romane, in: Kleine Romanen-Bibliothek. Romanen-Kalender für das Jahr 1798, hrsg. von Karl Reinhard. Erstes Bändchen. Mit Kupferstichen. Göttingen bei Ph. G. Schröder 1798, S. 3–12, abgedruckt S. 4 und S. 6–9.

26 August Wilhelm Schlegel: Mode-Romane. Lafontaine, zuerst in: Athenaeum. Eine Zeitschrift, hrsg. von A. W. Schlegel und F. Schlegel, 3 Bde. zu je zwei Stücken, Berlin: F. Vieweg d. Ältere 1798, Berlin: H. Frölich 1799/1800; Zitat Bd. 1, Stück 1, S. 149–167. Photomechanischer Neudruck dieser Zeitschrift, mit einem Nachwort von E. Behler, Darmstadt: Wissenschaftliche Buchgesellschaft 1960. Hier abgedruckt nach A. W. Schlegels Sämtlichen Werken, 12 Bde., hrsg. von E. Böcking, Leipzig: Weidmann 1847, Bd. 12 (Kritiken und Rezensionen), S. 11–16.

27 Friedrich Schlegel: Kritische Fragmente, zuerst in Reichardts Lyceum der schönen Künste, Berlin: J. F. Unger 1797, Bd. 1, Teil 2, S. 133–169. Abgedruckt nach der Kritischen F. Schlegel Ausgabe, hrsg. von E. Behler unter Mitwirkung von J. J. Anstett und H. Eichner, München, Paderborn, Wien: F. Schöningh, Zürich: Thomas Verlag 1958 ff., Bd. 2 (Charakteristiken und Kritiken I), *„Sokratische Dialoge"*, S. 149, 152, 156, 158, 160, 161, 162.

28 Friedrich Schlegel: Athenaeums-Fragmente, zuerst in: Athenaeum, hrsg. von A. W. Schlegel und F. Schlegel, Berlin: F. Vieweg d.

Ältere, 1798, Bd. 1, Stück 2. Abgedruckt nach der Kritischen Friedrich Schlegel Ausgabe, Bd. 2, *„Progressive Universalpoesie"*, S. 178, 181, 182 f., 188, 198 f., 206, 208 f., 244 f., 246 f.

29 Friedrich Schlegel: Ideen, zuerst in: Athenaeum, hrsg. von A. W. Schlegel und F. Schlegel, Berlin: H. Frölich 1800, Bd. 3, Stück 1. Nach der Kritischen F. Schlegel Ausgabe, Bd. 2, S. 264.

30 Friedrich Schlegel: Literary Notebooks 1797–1801, edited with introduction and commentary by H. Eichner, University of London: The Athlone Press 1957, *Der Roman ist das romantische Buch schlechthin*, S. 21, 22, 24, 26, 27, 28, 31, 33, 42, 44 f., 46, 49, 50, 51, 52, 53, 54, 55, 56, 57, 59, 60, 61, 63, 70, 71, 74, 94, 95, 97, 100, 102, 105, 106, 117, 123, 140, 141, 142, 156, 159, 165, 168, 174, 177, 178, 180, 190, 193.

31 Friedrich Schlegel: Über Goethes Meister, zuerst in: Athenaeum, hrsg. von A. W. Schlegel und F. Schlegel, Berlin: F. Vieweg d. Ältere 1798, Bd. 1, Stück 2, S. 147–178. Nach der Kritischen F. Schlegel Ausgabe, Bd. 2, S. 132–141 und S. 143–144.

32 Friedrich Schlegel: Gespräch über Poesie (Rede über Mythologie. Brief über den Roman), zuerst in: Athenaeum, hrsg. von A. W. Schlegel und F. Schlegel, Berlin: H. Frölich 1800, Bd. 3, Stück 1, S. 58–128 und Stück 2, S. 169–187. Nach der Kritischen F. Schlegel Ausgabe, Bd. 2, Rede über Mythologie, S. 313–315 und S. 318–319; Brief über den Roman, S. 331–337.

33 Novalis: Blütenstaub-Fragmente, zuerst in: Athenaeum, hrsg. von A. W. Schlegel und F. Schlegel, Berlin: F. Vieweg d. Ältere 1798, Bd. 1, Stück 1, S. 70–106. Zitiert nach Novalis Schriften. Die Werke Friedrich von Hardenbergs, hrsg. von P. Kluckhohn und R. Samuel, zweite, nach den Handschriften ergänzte, erweiterte und verbesserte Auflage in vier Bänden, bisher 3 Bde., Stuttgart: Kohlhammer 1960, Bd. 2 (Das philosophische Werk I, hrsg. von R. Samuel in Zusammenarbeit mit H. J. Mähl und G. Schulz), *Materialien des unendlichen Romans*, S. 417–419, 437–439.

34 Novalis: Vorarbeiten zu verschiedenen Fragmentsammlungen (entstanden 1798), abgedruckt nach Novalis Schriften, hrsg. von P. Kluckhohn und R. Samuel, 2. Aufl., Bd. 2, *Der Roman romantisiert die Welt*, S. 536, 545, 559 f., 565, 570, 640–642.

35 Novalis: Das Allgemeine Brouillon (Materialien zur Enzyklopädistik, 1798/99), abgedruckt nach Novalis Schriften, hrsg. von P. Kluckhohn und R. Samuel, 2. Aufl., Bd. 3 (Das philosophische Werk II, hrsg. von R. Samuel in Zusammenarbeit mit H. J. Mähl und G. Schulz), *Die Geschichte wird Märchen werden*, S. 255, 256, 271, 280 f., 326, 339, 434.

36 Novalis: Fragmente und Studien (entstanden 1799/1800), abgedruckt nach Novalis Schriften, hrsg. von P. Kluckhohn und R. Samuel, 2. Aufl., Bd. 3, *Der Roman ist Mythologie der Geschichte*,
S. 558, 562, 563, 638, 639 f., 646, 649, 654, 667–669.
37 Friedrich Wilhelm Joseph Schelling: Philosophie der Kunst, Vorlesungen, gehalten im Winter-Semester 1802/03 in Jena. F. W. J.
Schellings Sämtliche Werke, hrsg. von K. F. A. Schelling, 1. Abt.
Bd. 1–10; 2. Abt. Bd. 1–4, Stuttgart: Cotta 1856–1861, 1. Abt.
Bd. 5, *Der Roman als Spiegel des Zeitalters oder partielle Mythologie*, S. 672–683.
38 Jean Paul: Vorschule der Aesthetik, nebst einigen Vorlesungen in
Leipzig über die Parteien der Zeit, 3 Bde., Jena: Frommann (durch
F. Perthes) 1804; die zweite stark erweiterte Auflage erschien
1812/13 bei Cotta in Tübingen. Abgedruckt nach Jean Pauls Sämt-
lichen Werken. Historisch-kritische Ausgabe, hrsg. von der Preußi-
schen Akademie der Wissenschaften, Hrsg. E. Berend, 31 Bde.,
Weimar: Böhlau und Berlin: Akademie Verl. 1927–1960, 1. Abt.
Bd. 11 (Vorschule der Aesthetik, XII. Programm: Über den Roman),
„Maskenball aller poetischen Freiheiten", S. 232–235 und S. 249–
253.

LITERATURHINWEISE

F. Bobertag: Geschichte des Romans und der ihm verwandten Dich-
tungsgattungen in Deutschland bis zum Anfang des 18. Jhs., 2 Bde.,
Breslau 1876–1884.
H. H. Borcherdt: Geschichte des Romans und der Novelle in Deutsch-
land. I: Vom frühen Mittelalter bis zu Wieland, Leipzig 1926.
Ders.: Der Roman der Goethezeit, Urach 1949.
W. Rehm: Geschichte des deutschen Romans, 2 Bde., Berlin 1927 (Slg.
Göschen 229, 956).
G. Weydt: Der deutsche Roman von der Renaissance und Reformation
bis zu Goethes Tod. In: Deutsche Philologie im Aufriß Bd. II, 1954,
Sp. 2063–2196; [2]1960, Sp. 1217–1356.
B. Markwardt: Geschichte der deutschen Poetik, 5 Bde., Berlin 1937 ff.
E. Staiger: Grundbegriffe der Poetik, Zürich 1946, [7]1966.
E. Auerbach: Mimesis. Dargestellte Wirklichkeit in der abendländi-
schen Literatur, Bern 1946, [3]1964.
R. Petsch: Wesen und Formen der Erzählkunst, Halle 1934.
E. Lämmert: Bauformen des Erzählens, Stuttgart 1955, [2]1967.
F. Stanzel: Die typischen Erzählsituationen im Roman, Wien 1955,
[2]1964; zusammengefaßt in: F. St., Typische Formen des Romans,
Göttingen 1964.

V. Klotz (Hrsg.): Zur Poetik des Romans, Darmstadt 1965 (WdF 35), mit Beiträgen von K. Vossler, A. Schirokauer, V. Lange, Otto Ludwig, Fr. Spielhagen, K. Friedemann, W. Kayser, E. Spranger, H. Meyer, G. Müller, F. Stanzel, G. Lukács, A. Döblin.

R. Grimm (Hrsg.): Deutsche Romantheorien. Beiträge zu einer historischen Poetik des Romans in Deutschland, Frankfurt/Main u. Bonn 1968. Mit Beiträgen von B. L. Spahr, K. Wölfel, W. Schulz, H. Schanze, B. Böschenstein, F. Sengle, F. Martini, W. Hellmann, V. Sander, I. Mittenzwei, U. Fülleborn, V. Žmegač, P. Foulkes, R. Brinkmann, H. Koopmann, D. Kimpel, G. Rohrmoser.

G. Lukács: Die Theorie des Romans. Ein geschichtsphilosophischer Versuch über die Formen der großen Epik, Berlin 1920, ²1963.

W. Benjamin: Der Erzähler. Betrachtungen zum Werk N. Lesskows. In: W. B., Illuminationen, Frankfurt/Main 1961, S. 409–436.

Th. W. Adorno: Standort des Erzählers im zeitgenössischen Roman. In: Akzente 1, 1954, Heft 5, S. 410–416; auch in: Th. A., Noten zur Literatur I, Frankfurt/Main 1958, S. 61–72.

R. Koskimies: Theorie des Romans, Helsinki 1935.

W. Kayser: Entstehung und Krise des modernen Romans, DVjs 28, 1954, S. 417–446; erweiterter Sonderdruck, Stuttgart 1954, ⁴1963.

M. L. Wolff: Geschichte der Romantheorie, Nürnberg 1915.

W. Lockemann: Die Entstehung des Erzählproblems. Zur deutschen Dichtungstheorie im 17. und 18. Jahrhundert, Meisenheim 1963.

H. Ehrenzeller: Studien zur Romanvorrede von Grimmelshausen bis Jean Paul, Bern 1955.

M. Sommerfeld: Romantheorie und Romantypus der deutschen Aufklärung. In: DVjs 4, 1926, S. 459–490; Neudruck Darmstadt 1968.

D. Kimpel: Der Roman der Aufklärung, Stuttgart 1967.

G. Jäger: Empfindsamkeit und Roman. Wortgeschichte, Theorie und Kritik im 18. und frühen 19. Jahrhundert, Stuttgart 1969.

P. Michelsen: L. Sterne und der deutsche Roman des 18. Jahrhunderts, Göttingen 1962.

W. Greiner, Studien zur Entstehung der englischen Romantheorie an der Wende zum 18. Jh., Tübingen 1969.

E. D. Becker: Der deutsche Roman um 1780, Stuttgart 1964.

N. Miller: Der empfindsame Erzähler. Untersuchungen an Romananfängen des 18. Jahrhunderts, München 1968.

H. Ritter: Die pädagogischen Strömungen im letzten Drittel des 18. Jhs. in den gleichzeitigen deutschen pädagogischen Romanen und romanhaften Darstellungen, Halle 1939.

M. Beaujean: Der Trivialroman in der zweiten Hälfte des 18. Jhs., Bonn 1964.

M. Greiner: Die Entstehung der modernen Unterhaltungsliteratur. Studien zum Trivialroman des 18. Jhs. Reinbek b. Hamburg 1964.

P. Requadt: Lichtenberg, Stuttgart 1964.

F. H. Mautner: Lichtenberg. Geschichte seines Geistes, Berlin 1968.

H. R. Vaget: Johann Heinrich Merck, „Über den Roman". In: PMLA 83, 1968, S. 347–356.

M. Ludewig: Johann Heinrich Merck als Kritiker, Bochum 1930.

F. J. Schneider: Th. G. v. Hippel in den Jahren von 1741–1781, Prag 1911.

Ders.: Hippel als Schüler Montaignes, Hamanns und Herders. In: Euphorion 23, 1921, S. 23–33 und S. 180–190.

H. Vormus: Th. G. v. Hippels „Lebensläufe nach Aufsteigender Linie". Eine Interpretation. In: Etud. Germ. 21, 1966, S. 1–16.

G. Sauder: Der reisende Epikureer. Studien zu Moritz August von Thümmels Roman „Reise in die mittäglichen Provinzen von Frankreich", Heidelberg 1968.

A. Eichstaedt: Formulierte Poetik in geniezeitlichen epischen und dramatischen Dichtungswerken, Diss. Greifswald 1957 (masch.).

H. Schwartz: Jacobis „Allwill", Halle 1911.

F. David: Jacobis „Woldemar", Leipzig 1913.

O. F. Bollnow: Die Lebensphilosophie Jacobis, 1933, ²Stuttgart 1966.

H. Nicolai: Goethe und Jacobi. Studien zur Geschichte ihrer Freundschaft, Stuttgart 1965.

H. R. Günther: Jung-Stilling. Ein Beitrag zur Psychologie des Pietismus, ²München 1948.

G. Stecher: Jung-Stilling als Schriftsteller, Berlin 1913, ²New York, London 1967.

M. Geiger: Aufklärung und Erweckung. Ein Beitrag zur Erforschung J. H. Jung-Stillings und der Erweckungstheologie, Zürich 1963.

G. Kreymborg: J. C. Wezels Leben und Schriften, Diss. Münster 1913.

E. Delorme: „Herrmann und Ulrike", ein Roman von J. C. Wezel, Dortmund 1928.

A. Völker: Empfindsamkeit und Aufklärung in Wezels „Wilhelmine Arend oder die Gefahren der Empfindsamkeit", Diss. Münster 1933.

K. Adel: Johann Karl Wezel. Ein Beitrag zur Geistesgeschichte der Goethezeit, Wien 1968.

W. Dietze: Elend und Glanz eines „Deutschen Candide". Vorläufige Bemerkungen zu J. C. Wezels Belphegor. In: Wiss. Zs. d. Univ. Leipzig 14, 1965, S. 771–796.

M. Dessoir: Moritz als Aesthetiker, Diss. Berlin 1889.

R. Minder: Die religiöse Entwicklung von Moritz, Berlin 1936.

H. Stemme: K. Ph. Moritz und die Entwicklung von der pietistischen Autobiographie zur Romanliteratur der Erfahrungsseelenkunde, Diss. Marburg/Lahn 1950 (masch.).

R. Ghisler: Gesellschaft und Gottesstaat. Studien zu „Anton Reiser", Diss. Zürich 1955.

H. U. Schnuchel: Die Behandlung bürgerlicher Problematik in den Romanen von K. Ph. Moritz. In: Festschrift f. G. W. Vulpius 1957, S. 85–99.

H. J. Schrimpf: K. Ph. Moritz „Anton Reiser". In: Der deutsche Roman, 2 Bde., hrsg. von B. v. Wiese, 1963, Bd. 1, S. 95–131.

H. Stolpe: Humanität, Französische Revolution und Fortschritt der Gesellschaft. Eine Analyse der Urfassung der Humanitätsbriefe J. G. Herders. In: Weimarer Beiträge 10, 1964, S. 199–218 und S. 545–576.

E. Volhard: Klingers philosophische Romane, Halle 1930.

A. Lieb: Die geistesgeschichtliche Stellung der Betrachtungen und Gedanken F. M. Klingers, Diss. Freiburg i. Br. 1951 (masch.).

H. J. Geerdts: Über die Romane F. M. Klingers. Zur Geschichte der Intelligenz in der Periode der Französischen Revolution, Wiss. Zs d. F. Schiller Univ. Jena 3, 1953/54, S. 455–470.

Ders.: F. M. Klingers Faust Roman in seiner historisch aesthetischen Problematik (Vortrag 1958). In: Weimarer Beiträge 6, 1960, S. 58–75.

O. Smoljan: F. M. Klinger. Leben und Werk, aus d. Russischen von E. M. Arndt, Weimar 1962.

Ch. Hering: F. M. Klinger. Der Weltmann als Dichter, Berlin 1966.

Fr. Spielhagen: Die epische Poesie und Goethe (Festvortrag vor der 10. Generalversammlung der Goethe-Gesellschaft in Weimar am 8. Juni 1895), Goethe-Jahrbuch 16, 1895, Anhang S. 1–29.

R. Riemann: Goethes Romantechnik, Leipzig 1902.

E. Schmidt: Richardson, Rousseau und Goethe. Zur Geschichte des Romans im 18. Jh., Jena 1875.

W. Baumgart: Goethes Wilhelm Meister und der Roman des 19. Jhs., in: ZsfdPhil 69, 1945, S. 132–148.

Ders.: Wachstum und Idee. Schillers Anteil an Goethes Wilhelm Meister. In: ZsfdPhil 71, 1951/52, S. 2–22.

H. Beriger, Goethe und der Roman, Zürich 1955.

M. Jolles: Goethes Kunstanschauung, Bern 1956.

G. Stern: Fielding, Wieland and Goethe, A study in the development of the novel, Diss. Columbia Univ. 1954.

W. Rasch: Die klassische Erzählkunst Goethes. In: Formkräfte der deutschen Dichtung, hrsg. von H. Steffen, ²Göttingen 1967, S. 81–99.

A. W. Tschitscherin: Goethe an den Anfängen des modernen Romans. In: Kunst und Literatur 15, 1967, S. 164–185.

H. Reiss: Goethe als realistischer Romandichter. In: Le réel dans la litterature et dans la langue 1967, S. 266–267.

B. v. Wiese: Bemerkungen über epische und dramatische Strukturen bei Schiller. In: Jb. d. Dt. Schillergesellschaft 2, 1958, S. 60–67.

W. Böhm: „So dacht' ich. Nächstens mehr." Die Ganzheit des Hyperion-Romans, in: Hölderlin Gedenkschrift zu seinem 100. Todestag, hrsg. von P. Kluckhohn, Tübingen 1944, S. 224–240.

U. Gaier: Der gesetzliche Kalkül. Hölderlins Dichtungslehre, Tübingen 1962.

L. J. Ryan: Hölderlins Hyperion. Exzentrische Bahn und Dichterberuf, Stuttgart 1965.

G. Lepper: Zeitkritik in Hölderlins Hyperion. In: Literatur und Geistesgeschichte, Festgabe für H. O. Burger, hrsg. von R. Grimm und C. Wiedemann, Berlin 1968, S. 188–207.

F. Aspetsberger: Ende und Anfang von Hölderlins Roman „Hyperion" (Vortrag 9. Dez. 1968). In: Jb. d. Wiener Goethe-Vereins 72, 1968, S. 20–36.

P. Kluckhohn: Das Ideengut der deutschen Romantik, Tübingen 1941, ⁵1966.

H. Prang (Hrsg.): Begriffsbestimmung der Romantik, Darmstadt 1968, mit Beiträgen von J. Overmans, A. W. Porterfield, V. Klemperer, C. Schmitt, F. Schultz, F. Strich, G. v. Below, R. Ullmann, B. v. Wiese, O. Walzel, H. A. Korff, G. Hübener, W. Linden, K. Wais, M. Honecker, J. C. Blankenagel, R. Guardini, M. Peckham, L. Marcuse, K. Doderer, J. Matl, H. H. Remak.

Die deutsche Romantik, hrsg. von H. Steffen, Göttingen 1967, besonders die Beiträge von W. Preisendanz, Zur Poetik der deutschen Romantik I: Die Abkehr vom Grundsatz der Naturnachahmung, und von I. Strohschneider-Kohrs, Zur Poetik der deutschen Romantik II: Die romantische Ironie.

H. O. Burger: Eine Idee, die noch in keines Menschen Sinn gekommen ist. Ästhetische Religion in deutscher Klassik und Romantik, zuerst in: Stoffe Formen Strukturen. Studien zur deutschen Literatur. H. H. Borcherdt zum 75. Geburtstag, hrsg. von A. Fuchs und H. Motekat, 1962. Auch in: H. O. Burger, „Dasein heißt eine Rolle spielen". Studien zur deutschen Literaturgeschichte, München 1963, S. 233–254.

Th. Haering: Novalis als Philosoph, Stuttgart 1954.

I. Strohschneider-Kohrs: Die romantische Ironie in Theorie und Gestaltung, Tübingen 1960.

P. Szondi: F. Schlegel und die romantische Ironie. In: P. S., Satz und Gegensatz, Frankfurt/Main 1964, S. 5–24.

E. Behler: F. Schlegels Theorie der Universalpoesie. In: Jb. d. Schiller-Gesellschaft 1, 1957, S. 211–252.

K. K. Polheim: Studien zu F. Schlegels poetischen Begriffen. In: DVjs 35, 1961, S. 363–398.

Ders.: Die Arabeske. Ansichten und Ideen aus F. Schlegels Poetik, München, Paderborn, Wien 1966.

H. Nüsse: Die Sprachtheorie F. Schlegels, Heidelberg 1962.

W. Bausch: Theorien des epischen Erzählens in der deutschen Frühromantik, Bonn 1964.

H. J. Mähl: Die Idee des Goldenen Zeitalters im Werk des Novalis. Studien zur Wesensbestimmung der frühromantischen Utopie und zu ihren ideengeschichtlichen Voraussetzungen, Heidelberg 1965 (Diss. Hamburg 1960).

H. Schanze: Romantik und Aufklärung. Untersuchungen zu F. Schlegel und Novalis, Nürnberg 1966.

B. Heimrich: Fiktion und Fiktionsironie in Theorie und Dichtung der deutschen Romantik, Tübingen 1967.

H. J. Mähl: Goethes Urteil über Novalis. Ein Beitrag zur Geschichte der Kritik an dem deutschen Roman. In: Jb. d. freien deutschen Hochstifts 1967, S. 130–270.

H. Schanze: F. Schlegels Theorie des Romans. In: Deutsche Romantheorien, hrsg. von R. Grimm, 1968, S. 61–80.

G. Schulz: Die Poetik des Romans bei Novalis. In: Deutsche Romantheorien, hrsg. von R. Grimm, 1968, S. 81–110.

E. Berend: Jean Pauls Aesthetik, Berlin 1909.

E. R. Curtius: Jean Pauls Erzählkunst und die neue Romantechnik. In: Hesperus 3, 1952, S. 32–34.

M. Behrend: Die Erzählformen in den Romanen von Jean Paul, Diss. Göttingen 1954 (masch.).

M. Kommerell: Jean Paul, Frankfurt/Main 1933, ²1957.

E. Behler: Eine unbekannte Studie F. Schlegels über Jean Pauls Vorschule der Aesthetik. In: Neue Rundschau 68, 1957, S. 647–653.

W. Rasch: Die Erzählweise Jean Pauls. Metaphernspiele und dissonante Strukturen, München 1961.

Ders.: Die Poetik Jean Pauls. In: Die deutsche Romantik, hrsg. von H. Steffen, 1967, S. 98–111.

K. Wölfel: „Ein Echo, das sich selber in das Unendliche nachhallt." Eine Betrachtung von Jean Pauls Poetik und Poesie. In: Jb. d. Jean Paul Gesellschaft 1, 1966, S. 17–52.

B. Böschenstein: Jean Pauls Romankonzeption. In: Deutsche Romantheorien, hrsg. von R. Grimm, 1968, S. 111–126.